高取・町家の雛物語

天の川実行委員会

町家の雛めぐり

雛めぐりのアイドル「ひいなちゃん」

町家を再生した料理店・やまと吉永 Map9

双葉食堂 Map14

光永寺 Map6

河合家 Map8

近鉄壺阪山駅 Map12

吉野の山林王、土倉庄三郎家の雛、森山人形店 Map16

森本家 Map17

丹生呉服店 Map20

大正時代の「古今雛」と昭和初期の「御殿雛」を飾った壺阪漢方堂 Map27

喫茶マロン Map30

木村化粧品店 Map29

的場酒店 Map41

飲食店ひとやすみ Map37

大一薬品 Map44

魚辰 Map42

谷本家 Map53

上村家 Map45

手作りの雛人形を豪華に飾った吉田家

Map69

中村家

Map73

とうふの土佐屋

Map57

神谷竹材店

Map66

原田家

Map75

和菓子店・多かまつ　Map81

俳画工房燈仙花　Map76

苔玉雛　Map85

山村家　Map84

寺田家　Map90

石田家　Map89

森田家 Map94

阪井家 Map99

メイン会場に展示された「虫愛ずる姫君」のジオラマ（二〇一〇年） Map60

天段の雛 Map60

「花で彩るひなめぐり」と「花工房花夢花夢」主宰 吉村雅代さんによるハンギングバスケット作品展より

「町家の寄せ植え」には人気投票もある

「町家の雛めぐり」には、「花で彩るひなめぐり」という副題がある。土佐街道沿いの 29 か所（2014 年の場合）の家々の玄関先に、奥様方が創作した寄せ植えが飾られている。「来訪者に楽しんでもらうため土佐街道沿いを花で彩ろう」と、秋の「案山子めぐり」の期間中とともに、家々の玄関先に工夫を凝らした草花の寄せ植えが飾られる。

これらは、橿原市在住のフラワーデザイナーで「花工房花夢花夢」を主宰する吉村雅代さんが無償で指導し、「夢創舘」の庭では、吉村さん主催の「ハンギングバスケット作品展」が 3 月の恒例行事である。

来訪者でにぎわう土佐街道

はじめに

「町家の雛めぐり」を始めたきっかけは、平成十四（二〇〇二）年六月に證券会社を退職し単身赴任先の名古屋から高取町にUターンし、生まれ育った町から商店が無くなり、人通りも少なく、お年寄りたちも元気がない、それにこの町を通っている近鉄吉野線の電車も日中ガラガラというような状態にふるさとの危機を感じたからでした。「何とかしてこの町に人を呼びたい」「では、どんな人に来てもらったらよいのか」と自問自答して、思いついたのが「おばさんが来てくれる町にしよう」でした。「なぜ、オバサンなの？」と問われれば、「行動力があるし、何事にも感動する感性をもっている。それに、口コミ力があるし、財布を握っている。時間的余裕もオジサンよりはある」と答えることができます。

しかし、私たちには資金はありません。財政難の町役場にも頼れません。Uターン後に知り合った町の住民の仲間五人で結成した「天の川実行委員会」が考えたのが「雛まつり」でした。高取町のような田舎町は家が比較的大きい。「蔵にしまってある雛人形を引っ張り出して家々に飾り、江戸時代の風情が残る町並みを歩きながら楽しんでもらおう」という作戦を考えました。しかし、町おこしのための「雛まつり」は全国各地で催されています。「高取ならではの特色を出せないのか」と頭に浮かんだのが、歌手森昌子さんの歌「ありがとう～雛ものがたり～」でした。森昌子さんが一度歌手を引退した一九八六年八月の引退記念四部作の一つです。退職後、森さんの澄んだ歌声に魅せられ、CDを買い、この曲と出合いました。「女性にとって雛人形は子どもの頃からの思い出が詰まっているもの。その記憶を色紙に書いて展示すれば、来訪者との対話も交流もできる。こうしたやり方は他のどこの地域にもないはずだ」と考えました。

「雛物語」と名付けたこの色紙は予想以上に好評で、多くの人がこの町に来てくれるようになりました。

平成十九（二〇〇七年）年三月の第一回の来訪者は九千人足らずでしたが、口コミで評判が広がり、おかげさまで最近は三月一カ月間に五万人近い人たちが訪れてくれています。その効果は、人通りの増加だけではありません。住民も、お客さんたちとの交流を楽しみにし、例えば、「お年寄りたちが三月になると元気になる」という話をよく聞くようになりました。雛人形を飾る家も、第一回の三十六軒は私たち「天の川実行委員会」が頼んでまわりましたが、昨年（二〇一四年）までに展示する家が一〇〇軒に増えたのも、「うちにも雛人形あるでぇ。飾ったろかぁ」と口コミで広がったからです。中には、男子ばかりが生まれる家系で、近所から雛人形を借りて飾る家もあります。こういう家には残念ながら「雛物語」の色紙はありません。また、雛人形のみならず所蔵する家財道具なども工夫を凝らして展示し、アート（芸術作品）のように仕上げている家もあります。

この本の執筆者も「町家の雛めぐり」を縁に繋がりができた方々です。奈良市在住のエッセイストのもりきあやさんは産経新聞のコラムの取材で高取町を訪れ、感動的な文章で「雛めぐり」を紹介して頂きました。掲載後、私から電話をして知り合いになりました。大井聡子さんは横浜在住の大学生です。国内旅行の途中、偶然インターネットで「雛めぐり」を見つけてこの町を訪れ、半日歩いて写真を撮ったり、住民から話を聴いたりして小冊子の写真集を作成。「天の川実行委員会」に送ってきてくれました。感性の鋭さと視点の確かさに私たちも感動しました。二〇一四年三月の「雛めぐり」に来て取材してほしい、という私たちの要請にも「就活中」にも関わらず、快く応じて素晴らしい文章を書いていただきました。奈良女子大ＯＧの藤平眞紀子、村田順子、田中智子の三人の先生方は、城下町高取の土佐街道の古い町並みと町家、そこに住む住民の活動を研究対象にされ、何度もこの町を訪れてこられた方々です。本書の編集と執筆を担当した神野武美さんは私たちが活動を始める以前から高取町を取材し記事を書いてきた元新聞記者で、「雛めぐり」を積極的に記事にしてくれました。

この本は高取町という町を知ってもらうツールと考えています。隣りの明日香村は古代に都があった所、南の吉野地方は自然豊かで桜の名所があり、南北朝時代をはじめ歴史の転換期に登場する有名な土地です。その間に位置する高取町はずっと目立たない存在でした。しかし、数多くの古墳があり、西国三十三カ所霊場の一つで「壺坂霊験記」で知られる壺阪寺、豊臣秀長が築城した近世の山城では異例の規模を誇る日本一の山城とその城下町、明治以後は富山と並ぶ家庭配置薬の町であるなど、古代から現代に連綿と豊かな歴史と文化が続いてきた町でもあります。それと同時に、高齢者が光り輝き続ける町にしていきたいという思いをかなえるきっかけにしたいと思います。

最後に、「大和路ろまん文庫」など「奈良本」を中心に手掛け、この本の出版も快く引き受けていただいた京阪奈情報教育出版代表取締役の住田幸一氏、そして、何よりも高取町の住民のみなさまの協力に感謝する次第です。

二〇一四年十一月　吉日

天の川実行委員会代表　野村幸治

故副代表 榊本吉美さんに捧ぐ（114頁参照）

「高取・町家の雛物語」　もくじ

第四章　私の雛物語

第五章　関東の大学生が見た「雛めぐり」　大井　聡子

第一章　それぞれの雛物語

もりき　あや

壺阪山駅から土佐街道に入る。高取山山頂にある高取城の城下町を通り、壺阪街道までの約二キロの道のりだ。土佐へ続く道ではなく、土佐という名の地区（今の高取町大字上土佐、下土佐）を通る道。

　高取町には、土佐だけでなく薩摩や吉備といった古の国名がつけられた地域がある。六～七世紀、飛鳥の都を造営するために国中から集められた人々が、故郷に帰る事なく定住したのだという。もしかすると、帰る事ができなかったという方が正しいかもしれない。都造りは厳しい労働であったろうし、呼び集められるときとは違って、帰郷するための体力や財力が満足にあったとは考えにくい。否応無しに遠く離れた土地で生きるとき、せめて故郷の名をつけることで自分たちの由来を刻んだのだろう。

　日本三大山城とうたわれた高取城もこの町のシンボルである。城に登る馬が疲れた足を洗い英気を養った水場「馬冷やし」は、城への険しい道のりを今に伝えている。

　近代、高取城に植村氏が入り、街道は高取藩二万五千石の城下町として栄えた。さらには西国第六番札所である壺阪寺へ参詣する人々が行き交い、街道の両脇には商家が立ち並んでいたそうである。そのころの面影を、今も連子格子や虫籠窓などを備えた町家が残している。

　町並みには武家、町家の境界線が見え、興味深い。通りに面して両脇に家々が立ち並ぶのが町家だ。現在児童公園がある辻に、武士だけを通す門があったのだとか。ここから上（城側）が武家屋敷となる。

住民主体のイベントで地域に活力を

　この高取町の土佐街道で、行政の支援を受けず、住む人による手作りのイベントとして、平成十九年から始まったのが「町家の雛めぐり」だ。雛人形が飾られている民家や商店は一〇〇を超え、年々訪れる人も増えている。

　伝統が根付き、新しい取り組みも行われる地域。一方では地域の高齢化が進み、高齢者の独り住まいや夫婦二人の世帯などが多くなっている側面もある。雛めぐりを主催する「天の川実行委員会」では、住民が協力し合って運営することで、地域を活性化することをイベントの目的の一つとしている。

　長年の慣習が根付いたところで、新しい取り組みを興すことはなかなかすんなりとはいかない。とは言っても、いかに歴史文化が香る街でも、保存や維持をしていくには活力がいるのは確かなことだ。町の活力増進のためにこのイベントを企画し、働きかけてきた主催者側にも、呼応して共に動いた方々にも、きっと大変な心意気と努力が必要だったに違いない。

平成二十七年で九回目となる「町家の雛めぐり」。まだ始まったところだと感じる人もいるだろう。でも私は九年継続しているところこそが、この地域の底力なのではないかと感じている。何かの助成で始めてしまうと、その援助がなくなれば終わってしまう。世の中にそういった一時的な取り組みがあふれている中で、最初から自立運営を目指していることに、感銘と共感をおぼえるのだ。

あらためて考えてみると「まちづくり」のためとはいえ、訪れた人を迎え入れることは、簡単なことではないはずだ。訪れた人を「もてなす」といっても、店舗を構えているわけではない。普段、普通に生活をしている住民が心を尽し、迎え入れているのだ。昔の巡礼道や主要街道沿いの人々は商売のみならず、軒先で旅人に憩いの場を提供したと聞くが…。車が駆け抜ける昨今では、土地の方と気軽に話せること自体が貴重だと感じる。

「どうぞご自由にご覧ください」と開かれた門戸に、何か町の覚悟を見るよう。言うは易く、行うは難し、だもの。

今ここにあるものの魅力

ここで、実行委員会が参加住民から集めたアンケートを見てみたいと思う。

❖何もない町だと思っていたが、観光客の皆さんに〝美しい町ですね〟〝いい所ですね〟と言って褒めていただいて、自分でも見直した。

❖畑から採りたての野菜を使った味噌汁がおいしいと言ってもらいうれしかった。

❖家に来られたお客様の中で、昔の事を思い出されて泣かれた方がおられた。これは皆のおもてなしの集大成だと思う。こちらも感動して、涙した。

❖昨年の今頃は想像もつかなかった、たくさんの出会い、素晴らしい経験をさせていただきました。

❖来年必ず来ますので頑張ってくださいと言われた。五十年ぶりに姉の友人に会えるなど、いろんな出会いがあった。

自分が住む地域を見直す機会がどれほどあるだろう。長年にわたる愛着はあるものの、当たり前になっている景観や習慣、受け継がれている知識が、外から訪れる人にとっては発見であり感動の源泉だったりするのだ。今ここにあるものの魅力。そのことに気づくか、気づかないかということは、コミュニティー作りにとって大きな差になるのではないだろうか。

また、アンケートからは来訪者との出会いや触れ合いそのものが、住民にとって未来への活力につながっているということも見て取れる。他所から人がやって来るという交流は、新しい心の交流にとって必要不可欠な要素なのかもしれない。訪れる人と住民との交流、そして住民同士の交流、さらには家族の中でもこれまでにない交流が生まれたところもあるのではないだろうか。

生きがいや楽しみといった心の活力だけでなく、人が集まることにより、地域にとって必需である交通機関や医療機関などの確保にまでつながっていくといい。「住み良い町に」とはよく耳にするフレーズではあるが、単にスローガンとしてではなく、実践していこうとしているのが「町家の雛めぐり」の一つの顔のような気がしている。

道沿いに吊るされた俳句の短冊

雛めぐりで出会う心の中の風景

「町家の雛めぐり」に参加していると、もう一つ気づく事がある。全部で約一〇〇軒の家々やギャラリー及び特設会場に雛人形が飾られているのだが、雛人形を飾っているだけだと、どうも比較をしてしまいがちだ。あちらの方が古そうだった、こちらの方が豪華だった…などと。

しかしこの街道に飾られているのは、家々のお雛様だけではない。そっと添えられた色紙に、それぞれの思い出や、今の思いがつづられているのだ。「物のない時代に巡り合わせた娘のために作ってくれた、母手作りの紙雛…」「太平洋戦争の時期を過ごしてきたおばあちゃんのもの…」「娘が生まれた時のうれしさ…」。飾ってもらった少女の、親やそのまた親の願いや思いを映し出している。派手さや骨董的価値を競うのではない。ここにあるのは、一つひとつかけがえのない家族の風景であり、大切なそれぞれの雛物語なのである。

　色紙に書かれた、自分の知らない家族の風景。それを読み、雛を眺めながら、自分にとってかけがえのない〝あの日〟を見ているような気持ちになる。家族の顔が浮かび、雛人形と共にある場面だけではなく、心の奥深くに残っていた思い出が次々とよみがえるのだ。後のページで記されている来訪者へのアンケートや実行委員会が募集した「私の雛物語」を見れば、そのことがよくわかる。

　実のところ私もそうだった。最初は特に何の心づもりもなく、案内マップを片手に歩いていたのだが、だんだんと自分の家族の顔が浮かんできたのだ。雛人形を贈ってくれた祖父、その傍らで笑う祖母、人形を飾る父、ご馳走を作る母、そして幼い私と妹や弟。目の前の雛人形たちを通して見ていたのは、ごく個人的な心象風景だった。当時のあたたかさに浸りつつ、家族への感謝が込み上げる。そして、現実にはもう会えない大好きな人に無性に会いたくなり、じんわりと涙がにじんだ。そのうちに、今度は娘と話がしたくなった。いつか来る別れを感じることで、今や明日への思いがより強くなったのだろうか。

　ポツポツと家々を訪ね歩きながら、雛物語を読み、少しずつ心の扉が開いていったような、不思議な感覚だった。過去から今へと、そして次の世代へと、確信をもってつながる命の歴史。高取の町に並ぶお雛様は、そういった営みが自分にもあることを、あらためて教えてくれるのかもしれない。

第二章　訪問者の雛物語

もりき　あや

「町家の雛めぐり」では、家々の雛やその物語に誘われて、自身の中にある物語が目を覚ますことがある。ここからは、住民と来訪者とのコミュニケーションから生まれた、いくつかの話を紹介していこう。

浜辺の雛まつり

ある家の雛人形を見て涙を流している女性。「どうかされましたか？」と家の方が尋ねたところ、次のような話を語ってくれた。

彼女が幼い頃は戦争中で、とても雛祭りをする世情ではなかった。そんな三月三日にお母様が彼女を浜辺に連れて行き、お重いっぱいのご馳走で祝ってくれたそう。「戦争中でなかったら、家で雛祭りをしてあげられたのにね。今日はこの浜辺であなたと二人きりの雛祭りです」と。

この家の雛人形を見ているうちにその思い出がよみがえり、亡き母の優しさや恋しさに、自然と涙があふれてきたのだと言う。話を聞いていた家の方も胸を打たれ、共に涙を流し、しばらくの間雛人形の前で語り合った。

どれほど苦しく悲しい状況であっても、親が子を思う

このエピソードは翌年、メイン会場「雛の里親館」のジオラマになった

愛情に変わりはない。そして何十年経っても、いや山あり谷ありの年月を経てきたからこそ、子どもは親の愛情をより深くかみしめるような気がする。

住民からこの話を聞いた実行委員会では、翌年のメーン会場に話の一場面をジオラマにして展示した。住民の「どうかされましたか?」という一言がつないだ縁である。

もう一つ、住民と来訪者の交流がよくわかる話があるので紹介しよう。

ちりめんで作った椿の花

第三回目の雛めぐりのある日、ある家を訪問された方から「孫にこの椿の花をお供えしたいので分けてほしい」とお願いされた。その椿の花というのは、ちりめんの赤い端切れで家の奥さんが手作りしたものだ。雛人形と一緒に飾ると可愛らしいだろうという気持ちで作ったものだったため、最初は「売り物ではないので」と断ったそう。しかしよく事情を聞いてみると、その方はまだ赤ちゃんだったお孫さんを亡くされたのだという…。家の奥さんは赤い椿の花と、一緒に作ってあった這い子人形も差し上げることにした。赤ちゃんが這い這いをしている姿を象った小さな人形だ。とても喜んだその方からは後日お礼状が届き、翌年も雛めぐりの期間中に訪問してくださった。その年は椿の花は飾っていなかったが、家の奥さんが今度は白い椿を作って「お孫さんへ」と贈ったそうである。

穏やかな日差しや風から春が近づいている事を感じながら、平和な町並みを雛人形とともに歩く。心が和むにつれて家族への思いが強くなり、感情があふれ出てしまうのも頷ける気がする。

あらためて、もてなしというのは互いの気持ちが触れ合って生まれるものなのだと思う。提供されるサービスを何かと引き換えに受け取ることに慣れている日常で、とても貴重な交流のかたちだ。

お客様アンケートから見えてくる「町家の雛めぐり」の魅力

先ほどの「浜辺の雛祭り」や「ちりめん椿」のエピソードは、住民と来訪者との会話から紡ぎ出されたものだ。同様に、住民の心遣いに感銘を受ける方は多く、真心のこもったもてなしが「町家の雛めぐり」の肝の一つであることがうかがえる。アンケートにも、同様の感想が多数寄せられている。ほんの一部であるが、過去八回のアンケートから抜粋してみよう。

「町家の雛めぐり」アンケートより①

❇家の人との話、楽しかったです。各家々のお雛様へのコメントが良かったです。

❇町中でご協力に感謝、心のこもったお心づかいありがとうございます。おもてなしキュンと来ました。

❇なんでこんなに、この町の皆さんは親切なの。

❇高取町に住む方のやさしさと歴史を感じさせていただきました。美しい町だと思いました。

❇町の人たちの熱意とか暖かさが感じられ楽しかった。

❇楽しいと感じるイベントは多いが、温かいと感じるイベントは稀だ。町家の雛めぐりはとても温かかった。

❇こんな地に住みたいと思った。


読んでいると、町全体の団結力や、住民一人ひとりの丁寧さに感銘を受けている方が多いことを知る。期間中二〜三回再訪する方が多数いるという事実も、一過性のイベントとしての性質とは違い、訪れた人々の心を動か

す取り組みであることや、町そのものに魅力があると感じてのことだろう。

また、先述した通り「町家の雛めぐり」では、手入れの行き届いた古い町並みに雛人形という景観の美しさだけでなく、家々にまつわる「雛物語」が添えられているのも特徴の一つである。雛人形や雛物語を見ているうちに、自分の家族の事を思い出すという人も少なくない。

「町家の雛めぐり」アンケートより②

❖お雛様はどれも素晴らしいものばかりでしたが、わたくしはそれよりも、それぞれに添付してある「解説書（雛物語）」に感動です。親が子どもを想う深い愛情が何十年経った今も溢れ出て、読んでいるうちに思わず目頭が熱くなる事何度もです。このようなイベントを企画して頂くみなさんを尊敬申し上げ、これからも継続して頂くようお願いします。

❖色紙（雛人形の添え書き）に書かれている文章に涙ぐんでしまいました。私も娘や亡き母への思いを深くしました。ありがとうございました。

❖子どもの頃母に飾ってもらった事を思い出し懐かしかった。

※家族とともに見て歩き、思い出の書かれた色紙を見て、家族を見直す機会になった。

見知らぬ家族の物語が、我が家の物語を思い起こさせ、家族の今を見つめ直すきっかけになる。アンケートにあるものだけでなく、きっともっと多くの人の胸に灯りをともしているに違いない。

最後に。アンケートの中には、雛人形や雛祭りという枠を越え、住民との心の交流が分かる貴重なメッセージをしたためたものもあった。

「町家の雛めぐり」アンケートより③

十五年前神戸で被災した者です。この度の地震のニュースを見るたび、十五年前の恐怖がフラッシュバックされ、余りに辛く、癒しを求めてひな巡りへ来ました。町を歩いていたおばあちゃんに「どこから来たの?」と尋ねられ、そのようなことを話したら、私の手を握り「怖かったね、頑張ったね」と涙を浮かべ慰めて下さいました。聞くとお孫さん夫婦が仙台で被災されているとのこと。そんな中でも笑顔でおもてなしして下さったお心になにより癒されました。最後には「今日は嫌なことを忘れて楽しんで、明日からまた頑張りましょう」と言って下さり別れました。高取ひな巡りが末永く続く事をお祈り申し上げます。是非来年も来させていただきます。癒しと元気をありがとう御座いました。

この町を作っているのは、ご高齢の方を中心とした懐の深い住民の方々だということをあらためて思う。「町家の雛めぐり」は町を表現する一つのきっかけだったのではないだろうか。雛人形が媒体となり、見る人が心の奥にしまい込んでいた思い出を呼び起こす。さらに家々の雛物語が、訪れた人との物語を様々な形で紡ぎ出していく。それもこれも、もてなしの土壌があればこそ。

自然に受け止めてくれる安心感。これこそが土佐街道の人々が持つ魅力だ。物語がつまった「町家の雛めぐり」には、互いに交流することで生まれる新しい〝出会い〟がある。そして、それぞれの大切な存在との〝再会〟が待っている。

第三章　家々の雛物語

二〇一四年の「雛めぐり」では計一〇〇箇所に雛人形が飾られた。そのうち、五十三箇所では、披露されている雛人形の由来や、それにまつわる家族のエピソードなどを色紙に書いた「雛物語」も展示されている。雛人形を同じ場所に二組、三組と飾っている家もあるので、六十五前後の「雛物語」を読むことができる。それを読んだ訪問客は、自分の家族に重ね合わせて話題にし、応対する家人と楽しくおしゃべりをする。そんな光景が毎年のように見られる。以下は二〇一四年度に展示された「雛物語」と雛人形である。

平成二十六年第八回町家の雛めぐり～各家の雛物語

フクモリ高取店　Map②

昭和三十五年生まれの娘の誕生日に、元気でおひな様のようにやさしく成長してくれるよう、祈って毎年飾っておりました。

前田　伊津子

中村家　Map④

こんにちは。今日は我が家のお雛様を見に来て下さり、ありがとうございます。向って左は、平成十年生まれの私と二歳年下のお雛様です。真ん中の掛軸といちまさんは、太平洋戦争の時期を過して来たおばあちゃんの物です。右にあるのは、おばちゃん、（お父さ

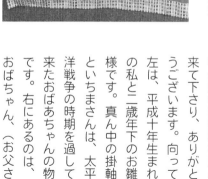

んのお姉さん、昭和三十年代）のお雛様です。長い間、長持ちの中で眠っていたけれど、思い出のいっぱい詰まったお雛様だそうです。家族全員で飾りました。とても楽しかったです。中村家三代のお雛様。ごゆっくりご覧になってください。

永野家　Map⑤

今年もひなめぐりの季節がやって参りました。暖かい日差しと共に、各地から大勢の方が来て下さって、町中が賑やかになり、うれしいことです。私の家も昨年と同様に、二組の人形を飾らせてもらいました。古い方は昭和二十七年に生まれた長女に私の実家から贈られた人形です。当時は戦後で物のない時代でしたので、買うのに苦労したそうです。新しい方は、昭和六十一年に

生まれた孫娘に贈ったものです。親は子供や孫たちの幸せと健康を祈って、人形を贈り大切に飾ったものです。本日は皆さん、遠い所から見に来て下さいまして本当に有難うございました。

六山家　Map⑦

この京雛は昭和五十五年十一月十七日、長女「静《しずか》」が誕生した時に、実家の両親から贈られたものです。お父さん、二人のおじいちゃん、二人のおばあちゃん、おじさんおばさん達と大勢の応援で、産院の先生もびっくりされる中で誕生しました。六山家にとっては初めての内孫。当時はまだ、大ばあちゃんも元気で皆に愛されて育ちました。娘も成長するにつれて、お友達のにぎやかな段飾りに比べて物足りなく感じた時もあったようですが、今では本人

も私もこの上品なお顔に、とても憧れを感じ、年を経るごとに愛情が深まります。そして今は亡き実家の両親を偲び、感謝の気持ちでいっぱいになります。その「静」も健康で優しい娘に育ってくれました。今年は良いご縁に出会えます様にと願っています。

西田生花教室 Map⑩

私の子供時代は戦後の混乱期、お雛様を飾れるような贅沢とは無縁の時代だった。そんな物のない時に巡り合わせた娘の為に、和裁の腕を活かして母が縮緬の布で、「唐子人形」、「うさぎ」、「ねずみ」などを作り、紙雛の三段飾りで祝ってくれた。私にはそれが最高のお雛様だったことが、今も懐かしく思い出される。そのときのお雛様はどうなったか、今はもう無い。もしあれば、ここに一緒に飾れたのに…ちょっと残念である。

「ひな祭り」なんとやさしい響きでしょう。女の子の無事な成長を祈って飾られる雛（ひいな）。いつの時代も親が願うのは子供の幸せ。ここに飾ったお雛様も昭和四十四年、姪の幸せと成長を祈って贈られたものである。その姪も、今は嫁ぎ一児の母となったが、残念ながら「男の子」。ところが、こうして毎年飾る機会を与えられて、大勢の皆様にお会い出来るようになり、姪もお雛様も喜んでいることでしょう。

高取町役場 Map⑪

このお雛さまは、地上に降り積もった雪と屋根から垂れ下がった雪が手をつなぐ頃、舞鶴へ奈良の田舎から山陰線ではるばる来てくれました。弥生三月、近所の方々が「かわいいなぁ…あ…あね」「うれしいなぁ…あ…あね」と、語尾を長くのばす話し方でお祝いして下さったのが、今も記憶に鮮やかです。

辰巳　仁朗

河合家　Map⑮

今年も町家のひな巡りがやってきました。このひな巡りが始った頃に嫁いでいった娘も、今や一男一女の親になりました。このおひな様は、娘の初節句の時に実家からもらったものです。今、私たちは孫娘の初節句にと、おひな様を送りました。健やかな成長を願って。

河合　千恵子

河合家

福井家　Map⑱

今年もお雛様の季節が参りました。孫の誕生を祝って嫁の両親から心をこめて祝って下さったお雛様です。二人ともうこの世にはおられませんが、お雛様を祭る度に両親のことが思い出されて、ありし日を思いうかべております。末長く幸せでありますようにと成長してすっかり社会人になった孫を眺めながら一人感謝して喜んでおります。

父方の祖母　福井　春子

福井家

杉村洋装店　Map㉑

光陰矢のごとし、立ち止まり年月を振り返り、当時を思い出し心がわくわく。三十年前初孫が誕生し、うれしくて三月に雛人形を飾る夢を見ました。生まれ来た孫に感謝し、お雛様の様にきれいで優しい、歌詩にもある「明かりをつけましょボンボリに」心優しい灯をともす女の子に育ってとの願いで、桃の節句にくる年くる年家族みんなで大合唱。気がつくと一人前に成長して、町家の雛めぐりに参加できる喜び。我が家の伝説を次の世代に受け継いでと願って止みません。

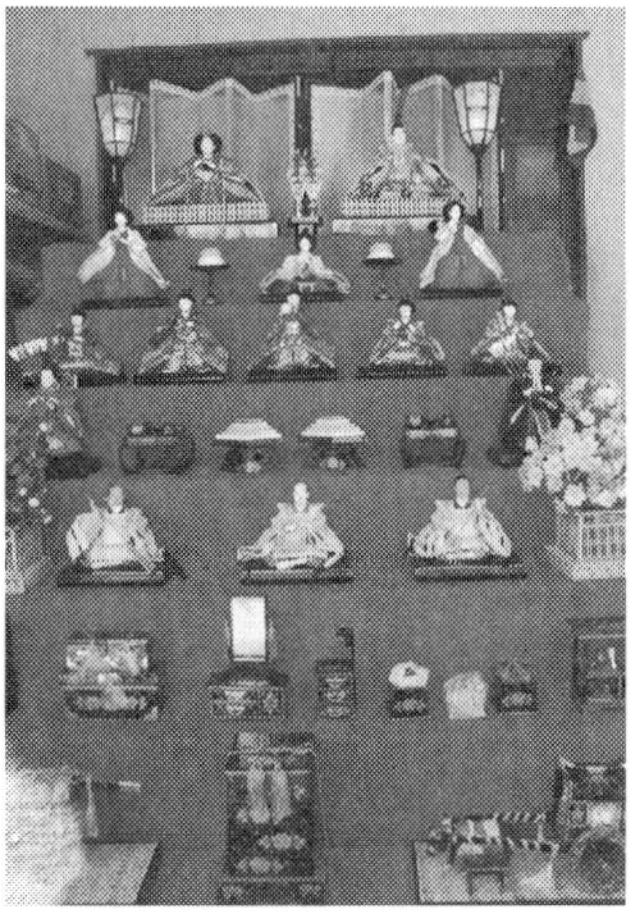

じぃじばぁばの館　Map㉒

平成五年に初孫誕生。もう嬉しくて、その年に早速お雛さん選びに行き買ったものです。

その後十年間は毎年飾っておりましたが、ここ十年程は押入れの中で箱入り娘となっておりました。でも今年は高取のお雛祭りに出させて頂いて、沢山の方々に見て頂けたらこの上ない幸せだなと思って箱から出してやりました。その孫も今年成人式を迎えさせて頂き、就職も決まり社会人となりました。お雛さんをながめながら、つくづく幸せと感謝の気持ちで一杯です。

前川　君枝

左が前川家、右が広瀬家

初孫のうぶ声を聞いた時、それはそれはうれしくてはっきり覚えています。もう、その孫も十七才のやさしい女の子に育ってくれました。押入れになおしてあったおひな様をこうして、沢山の方々にご覧いただける事を感謝しつつ、孫の成長を喜び、ずっと幸せでありますようにと、心を込めて飾らせて頂きました。末永い幸せを願い…

広瀬

シンコーデンキ　Map㉓

このお雛さまは、東吉野村三尾から皆さんにお目にかかりたいと思い、はるばるやって参りました。

今から六十五年前のお雛さまです。一代目、二代目と男の子ばかりで、やっと三代目で女の子が生まれ、当時はまだ車があまり普及していないと

きで、乗り合いバスに揺られて買い求めてきたお雛さまです。皆さんの仲間入りをさせていただいて、大変うれしいです。

周防家　Map㉕

　祖父が、私の初節句に買ってくれたものです。当時は戦争で、人形を飾る余裕などなかったと思うのですが、父は私が三歳の頃に戦死したこともあり、祖父が残してくれたこのお雛様は宝物です。永い間、押入れの奥にしまい込んだままにしていたのですが、今はこれを飾ることができて、大変うれしいです。

　昭和三十六年、長女が誕生した年のものです。小さなお雛様ですが、当時流行の屋形付を選びました。娘たちも大きくなり、長い間飾ることもなく時が過ぎました。このイベントを機に、三十数年の時を経て、箱を開けてみることにしました。きっとネズミにかじられたり、風化してボロボロになっているだろうと恐る恐る開けてびっくり!!封印した時のままでした。このイベントがなければ今もまだ、箱の中で眠り続けていた人形たちに再会できて、とてもうれしく思いながら飾らせていただいております。

　私が生まれた翌年の初節句に祖母が買ってくれたものです。小さい頃、段飾りのお雛様が飾られると、嬉しくて、ひなまつりの唄を二人でずっと歌っていたそうです。私たちが大きくなるにつれ、母は段飾りの段を出さず、床の間に上手に飾るようになりました。それも毎年少しずつ飾り方を変えては楽しんでいたようです。五年ぶりぐらいに、本来の段飾りの形に飾られ〝やっぱりこれ!!〟と思いました。祖母の心のこもったお雛様をこれからも大切に飾っていきたいと思っています。

　四十年以上前に、引越しの為処分すると言うので譲り受けた、妹のお雛様です。妹は中学生の頃、焼き物の小さなお雛様が気に入らず〝もっと大きないいお雛様が欲しい!!〟と言ったら、おばさんが〝これはとてもよいお雛様で上等なんだから、大切にしなさい〟とたしなめられたそうです。すごろくや、歌合せカルタ等、祖父の手描きの遊び道具など、古い物が次々と出てきて時の流れを感じながら養父母の残してくれた品々を懐かしく、有難く改めて大切にしなければならないと思いながら、妹と昔話に〝ハナ〟を咲かせました。

デンカショップコメダ　Map ㉖

娘が生まれて実家から、お雛さまと市松人形を送ってきてくれました。娘が幼稚園の時、「市松人形の髪の毛が伸びているので怖い」とよく言っていた事を思い出します。この企画により、二十年間眠っていたお雛さまを飾ることができました。

中田米店　Map ㉘

昭和三十四年に誕生した娘のお雛様です。娘に初めての女の子の誕生ということで、両親が大阪の松屋町筋へ買いに行ってくれました。それから十八、九年後に風呂場付近から出火し、幸い小火で収まりました。このお雛様は階上の袋戸棚に収納していたものです。それから後は節句の度に、見るのが怖くて開けられませんでした。この「雛めぐり」の機会に開けてみたところ、この通り何もなく保存されていました。高価なものではありませ

左が広瀬家、右が中田家

んが、両親が心をこめて買ってくれたお雛様が、あの火事を消し止めて下さったと思って感謝しています。

中田　まさ子

このお雛様は、昭和四十四年に実家の両親が初孫の誕生に買ってくれたものです。母が言うには、店の中で一番べっぴんさんやったと言うことでした。そう言われると、一番かわいい顔をしていると思ったものです。お雛様は、早い時期に飾り三月三日に片付けるのが婚期を遅らせないと信じ実行してきました。そのお蔭かどうか、娘も二十五才で結婚し二人の娘の親となり、私たちも孫のためにお雛様を送りました。時代が変わっても、子を思う親の気持ちは同じです。そして今回も義姉の家で飾ってもらっています。今は亡き両親に感謝していきます。

広瀬　君代

上田家　Map ㉛

昭和六十一年十月五日生まれ・翔子　もう二十六年も前のことで記憶が薄れています。初めての子供の出産だったので不安だらけでした。なんとか無事に生まれた子は、髪の毛も濃くしっかりした顔立ちでした。腫れ物にさわる様な育児生活で、病気もし怪我もしたけれど生活環境に恵まれ、友達に恵まれ無事に学校生活を卒業し、今は髪もばっちりセット。顔もばっちり化粧して、満員電車に負けないで一生懸命働いています。彼氏と一日も早く結婚できます様に。

昭和六十三年二月二十七日生まれ・由季　二月生れなのでお雛様のお祝いは、翌年の三月になりました。丁度一歳を過ぎたばかりで、一番目が離せない時期だったはずが、二つ上のお兄ちゃんがとても手がかかったせいか、この子はあまり手がかからず、お利口さんだった記憶があります。両方の祖父母やいとこたちも集まり、華やかなお料理と共に、賑やかにお祝いしてもらいました。五年前に成人式を終え、人に夢を与える仕事がしたいと今の仕事に就いて、同じ仲間にも恵まれ、充実した日を送っています。

西川美術 Map ㉜

昭和五十六年の十一月に誕生した長女のお雛さんです。我が家にとっては、昭和四十七年に長男が誕生して以来、九年目にして女の子を授かり家中大喜びでした。そのお祝いに昭和五十七年の初節句に実家より送られた七段飾りの京雛です。お雛さんの飾りは、毎年商売にかまけて出さず押入れに入れたまま長い間飾られてませんでした。でもこのイベントのお蔭で、多くの皆様に見て頂くことが出来て、お雛さんも喜んでる事でしょう。

（上）西川美術、（下）井上薬局

井上薬局 Map ㉝

孫娘が生まれた翌年一月頃、嫁の実家からいただきました。その後二〜三年は出して飾っていたようですが、そのあとは眠ったままでした。お雛様は場所をとるものですから八年程前から預かっています。この機会に飾っていただけてお雛様も喜んで頂いていると思います。

衣料の店まつむら Map ㉞

このお雛様は、今は男一人女二人の子供の母親になっている娘が生まれたとき、実家の父と夫が大阪松屋町の人形専門店で買ったお雛さまです。私が木目込み人形で考えて欲しいと言ったので苦労したそうです。娘がお嫁にいくまでは、ひな祭りの組立ては夫、飾りは娘と私で飾っていましたが、娘が嫁いでからは、

左が辻家、右が中城家

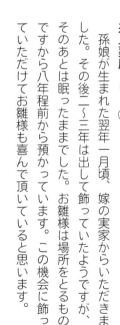

辻家の雛人形を飾っていますが、娘の雛人形は押入れの中で眠っていましたが、今回町家の雛めぐりイベントが行われると聞きましたので、飾っていただきたく応募しました。

辻　靖子

展示のひな人形は、当店主の姪「有美子」の初節句に買い求め、尾形家で大事にしてきた人形です。その有美子ちゃんも一男一女の母となり、長女「琴」の初節句もこのおひな様で祝ったそうです。また、この人形は「町家のひなめぐり」がはじまり、当店で飾った木目込みのひな人形と同じ工房で作くられたものであることがわかりました。それぞれ遠くで飾られていたおひな様が、「町家のひなめぐり」でめぐり合って、見に来られた皆様を喜ばせてくれています。三月中は、二組のおひな様が笑顔でお迎えしております。お楽しみ下さい。

衣料の店まつむら（持主は　中城有美子）

戸田家　Map ㉟

このお雛様は昭和三十八年のものです。今は亡き両親が娘にと買ってくれたもので、今では珍しい屋形のお雛様です。娘たちも嫁に行き、飾らなくなりましたがこのよき企画に便乗して押入れから出してみました。娘たちの小さかった時を思い出し、また両親のことを遠い昔のことの様に思い出しています。

ギャラリー輝　Map ㊱

昭和七年早春に我が家に届いた木目込み芥子雛です。第二次大戦が始ってから終戦後の耐乏生活の間は、ひな祭りなどをする生活の余裕もなく、ずっと蔵の中で我慢を強いられてきました。娘が生まれて約弐拾年ぶりに再び祭り始め、テレビやゲームなども無い時代の幼い日のままごと遊びに興じたことを懐かしく思いました。娘が嫁いだその後又お蔵入り。平成十九年に催されました「町家の雛めぐり」を機会に、久しぶりに無事なお姿のお雛さまにお目にかかることが出来ほっと致しました。

今年も後期高齢者ながら、お雛さまはじめ皆様に元気をいただき、喜びを噛みしめながらこの催しに参加させて頂いています。

吉井　弘江

私の母が生まれた昭和二年（一九二七年）に祖母の実家から贈られたお雛様です。私には父の実家から（父は婿養子ですので）掛軸のお雛様をいただきました。どちらも私が五歳ぐらいの時に飾って貰っていたのを憶えています。当時は子供の目から見た感覚でもっと大きく見えていたのですが、こんなに可愛かったんですね。綺麗や楽しい嬉しいなどという感情は少しもなく、薄気味悪く眺めていたのを思い出します。以来五十有余年、一度も飾って貰うことなく、箱の中で寂しく眠っていたお雛様ですが、今こうして雛巡りの度にたくさんのお客様にご覧になって戴いて、冥加な事を喜んでいます。

辰巳　賀代子

（上）吉井家、（下）辰巳家

「ひな人形が語る雛ものがたり」

大和の豪族十市氏の重臣外島加賀守が松永久秀との戦いに敗れ、三輪郷に居を構えました。

江戸時代には三輪商人として材木商や両替商を営み財力を蓄え、町人だけでなく高取藩にも貸付した記録が残っています。その頃、わたしたちが外島家に来ました。大正時代に水害にあい、蔵も水に浸かり長持ちに仕舞われていた、わたしたちは助かりましたが、屏風や台は、水でぐちゃぐちゃになり、捨てられまし

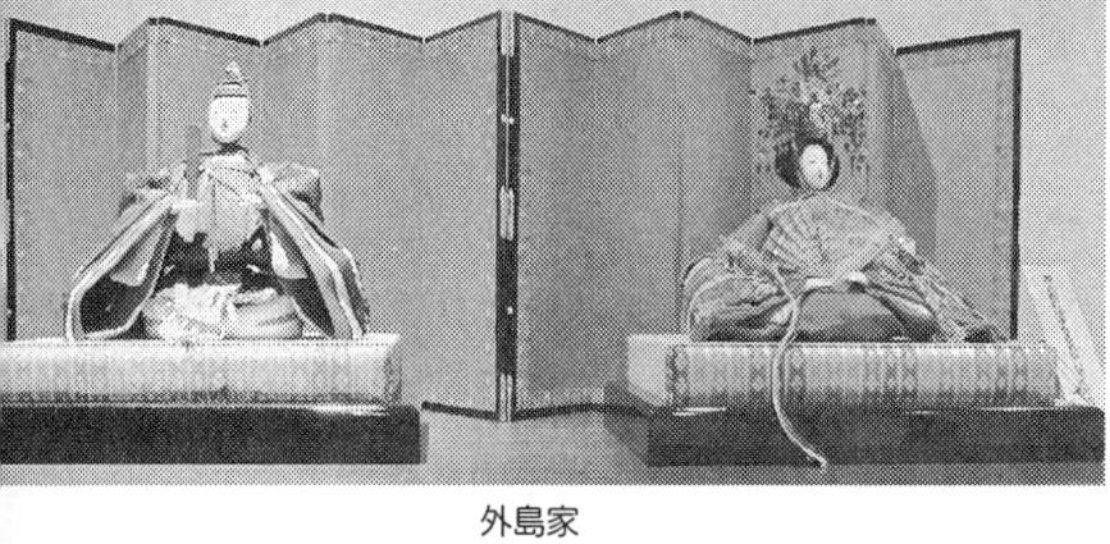

外島家

た。今は蔵も取り壊されましたが、時々ひな祭りには、わたしたちも飾ってもらっています。ゆかりのある高取に来て、飾ってもらうことになり何だか懐かしいような、嬉しい気持ちでいっぱいです。

外島　真名実

川田家　Map ㊳

「町家のひなめぐり」という素敵な機会を戴いて、我家のお雛様も三十年ぶりに日の目を見ることになりました。流石にお雛様でも時の流れに逆らう事が出来なかった様で、お顔に数多のシミが現れ、それなりに暗い箱の中で静かに年月を重ねられていた様です。久々にお雛様に出会って、小さくて質素な物ですが、今は亡き私の両親が孫娘に託した想いに触れられて、なつかしく又、うれしい気分になりました。

明日香窯　Map ㊵

明治時代後期　御殿雛

明日香窯　山本　義博

毎年四月初旬に〝雛の会〟を始めて今年で二十一年目となります。二十年位前に東寺の弘法市で大層大きな木箱二個が目に入りました。中を見せて貰うと、今迄に見た事も無い御殿のパーツでした。業者のおばちゃんは〝車の積み降ろしが大変やから、どうでっか…〟とパーツが全部揃っているかどうか確認も出来ず、後日大きな荷物を開け数時間かかり組立てて見ると、寝殿・渡り廊下・賢所と畳一畳にもなる御殿でした。

今年も四月一日より十日迄〝雛の会〟を催します。享保雛、有職雛、立雛、次郎左衛門雛、古今雛などご覧いただけます。

コマヤ化粧品店　Map ㊸

このお雛さまは、私が生まれた時（昭和四十六年）に母の母…つまり祖母からいただきました。小さい時はこのお雛さまがなぜか怖く、あまり好きでは無かったのです。でもオルゴールや小さな道具などが可愛いので、こわごわそーっと遊んでいました。やがて私が大人になり、関心も薄れ、お内裏様とお雛さまのお二人しか箱から出さなくなってしまいました。あれから数十年経ち、また明るい場所で私の二人の小さな娘たちに、かって昔の私がしていたように、こわごわオルゴールを鳴らしたり、小さな道具をさわったりと大切に遊ばれています。

古川家　Map ㊻

昭和三十年に娘が生まれ、嫁の実家から贈られたお雛さまです。その地方で大体の家庭で飾られていた形だそうですが、少し変わったもので人形が小さく、「館」が大きく一般になじみの少ないお雛さまと思います。側に市松人形を飾りつけが大変だったことを覚えています。イチマサンと呼んでいますが大変可愛く、気品に富んだ容姿で、この様に育ってくれたらという願いがあったのでしょう。最近頭部の傷みがはげしく、手直しをしました。少し現代的な顔立ちになったような気がします。

森田　久輔

髪館もりした　Map ㊾

昭和五十七年四月、長女が誕生。清流梓川から梓と命名。翌年、初節句に人形店を訪ね多くの人形の中から、お顔立ちの気に入った雛飾を購入しました。同行していた叔父、伯母からは、同店にあった娘と同じ名前の大きなケース人形をプレゼントされました。

的場米店　Map 51

昭和三十八年三月に女の子が生まれ、その年の十二月に主人の父祖父より羽子板を頂きました。翌年にはお兄様ご夫婦より段飾りのおひな様を頂き、其の年はお店の方が飾って下さった。美しいナーとみんな喜んでいましたが、次の年からは自分たちが飾らねばなりませんでした。寒い二月に出して「カンムリ」をつけるのが大変。娘が結婚して女の子が出来たら、このおひな様をあげるわと想っていましたが、男子二人でやはり自宅のものやナァと想い、三年に一度位飾っていました。もう二十年位箱に入ってもらっていましたが、町でひな人形を展示してほしいとのお誘いがあり、出させていただくことにしました。お雛様はもとより、天国に行かれたみな様も、きっと見に来てよかったと喜んで下さると想い飾りました。

（上）髪館もりした、（下）的場米店

まちゃポ　Map 52

はじめまして…

私たち雛は、縁あって当館「まちゃポ」の人たちとの出会いに恵まれました。そしてこれから末長く可愛がって頂けることになりました。

やさしくて、朗らかな人たちとの奇蹟の出会いを心から喜んでいます。

エピソード①

　雛物語に「奇蹟の出会い」とあるから、何か特別の意味のある雛人形かと思いきや、雛人形自体は天の川実行委員会からの借り物だそうである。むしろ「奇蹟の出会い」をするのは、「まちゃポ」に集う障がい者、高齢者など様々な人たちのことで、それを雛人形に託して擬人化したというわけである。赤地に金色の文字で書かれた玄関脇の看板＝写真＝が目印の「まちゃ

ポ」とは二〇一三年三月、空き町家を改修してオープンした「町家のポニー」の略称である。「まちゃポ」は、高取町市尾にあるNPO法人「ポニーの里をつくろう会」（明見健治代表）に関わっている有志五人が設立し運営している。NPO法人は、障がい者の乗馬セラピーのほか、ホームヘルパーやデイサービスなどを仕事としているが、きっかけは、健治代表の妻、美代子さんが高取町役場を退職してここに行政書士事務所を開こうと思ったことである。

　知人に紹介されて下見をしたとき、美代子さんは「町並みが良いし、いろんな出会いの場に使えそう」と思ったという。結局、行政書士事務所は別の場所にし、老朽化した町家を一年かけて改修した。有志といっても、みんな別に仕事を持っている人が多く、土日曜や祝日中心にしか開けなかったが、美代子さんのいとこ、喜多昭代さんを中心に様々な企画を行い、開いている日も多くなり今では多彩に利用されている。例えば、スイーツカフェ、旬野菜の出張料理、陶芸や絵画の展覧会、さをり織りの展示販売などだが、企画のたびに、有志たちの娘グループが開く「まちゃポランチ」は好評だ。

　美代子さんは「福祉を前面に出さないで運営しています。おかげで、近所の人が遊びに来てくれるなど多くの人が出会う場になりました」と話している。

地域の居間【増田家】 Map ㊹

僕の作品を見に来ませんかと、案内された一軒の一刀彫の店で出会った先生の作品。この歳で人形と思いながらも魅せられてしまい、娘も孫も持っているのだから、今度は自分の為にと、清水の舞台から飛び降りたつもりで求めた観古雛です。春ともなれば毎年、机の上に飾って楽しんでいます。この雛の子供は主人が作ってくれました。小さな観古雛が賑わいを見せてくれます。

ひだまり Map ㊺

私が初めて目にするお雛様は、仲良しの友だちのお雛様でした。座敷いっぱいに飾られたお雛様の美しさは、今も鮮明に脳裏に焼きついています。「私もきれいなお雛様が欲しい」と母に言うと、「うちは貧乏やからお父さんが帰ってきたら買って貰おうなぁ…」と言う母の目には、いっぱいの涙がこぼれ落ちそうになっていたのを覚えています。それから、ただひたすら待ちわびていた父は戦地から帰ることなく、私の雛飾りは叔母から貰った市松人形と羽子板を並べてのお雛祭りでした。母との思い出がいっぱいつまった「いちまさん」を今も大切に持っています。苦労していた母を、しきりに思い出し、涙する三月雛祭りです。

豊田　美悠紀

西川家 Map ㊻

向って右側は娘の京雛です。実家の両親が贈ってくれたもので、娘が大きくなってからは親王様だけ飾っていましたが、この「雛めぐり」が始ってから全員暗い箱から出られて、喜んでいるでしょう。左側は私の御殿雛で

昭和三十年に私の祖父から贈られたものです。ずっとしまってあったのをもらって来たはいいけれど、飾り方がわからず、当時の写真をひっぱり出して飾りました。下の段には同じようなケース人形が並んでいますが、親戚や近所の方から頂いたもので、私の生まれ育った信州では、子供が生まれると人形を贈る風習があったそうです。どちらのお雛様も健やかに育ってとの願いがこもっており、これからも大切にしていきたいと思っています。

無料休憩所【西川ガレージ】Map ㊽

杉また杉の山並みが続く川上村に私の家はありました。それが昨年の年末に自宅を全焼し、今までの生活の全てを一瞬に失ってしまいました。深い絶望の中で涙さえ出すことができず、自分が生まれ育った家が焼け落ちるのを見ておりました。翌日、消防団や地域の皆様が、焼け跡の整理をしておられたその時、「ここだけ焼けてないどー」と大きな声があがりました。しかし取り出された箱は、水と煙でまっ黒に汚れています。一つ、二つ、三つ…しかしきれいな木目込み人形や、可愛いい市松人形が全て水に濡れ、汚れて使いものになりません。最後に消防団員さんが、大きなケースを持ち出して下さいました。中から出てきたのは、娘が生まれた時、亡き母が大阪まで行って、一番お顔のきれいなお雛さ

まを買い求め、お祝いしてくれたものでした。毎年節句には、父と母が大事に箱から出して飾ってくれたことが懐かしく想い出されます。亡き母がしっかりと火事の中、守ってくれていたように思われてなりません。

川上村　森口

街の駅城跡　Map ㊾

今は一人の子供の母となった娘のお雛様です。娘が生まれて実家から一年中飾っておけるわらべ人形を送ってきました。娘が十歳頃に「家の人形はお雛様ではない」と言い、ひな祭りの後のバーゲンで買った小さなお雛様です。我が家に来て早や三十二年経ちます。娘が嫁いだ後も、毎年桃の節句には飾っています。夫は仕事一筋で、家のことは一切せず我が家にお雛様があることも知りませんでした。退職後はボランティア活動を日課とし、未だに家のことはしませんが、この企画に携わって初めて我が家のお雛様のひな物語を知り、少しは反省しているらしいです。

野村　美千子

雛の里親館　Map ⑥⓪

私は今年で七十六才になりましたが、五才の時父が亡くなり、母と幼い子供五人が協力し、苦しい乍らも楽しい生活を送ってきました。特に長兄は親代わりとして私の結婚や出産時、私の想像以上の品物を買っていただき、今も感謝の気持ちで一杯です。長女も生まれ、兄も大変喜んでくれて小さい乍ら、心のこもったこのひな人形を送っていただき感謝しました。今もこのひな人形を

他の場所で 2012 年に撮影

見ると、兄や姉達に感謝の気持ちがわいてきて涙が流れます。

島田　タケ子

町屋カフェのこのこ　Map ㉝

初節句に、桃の花と一緒に両親から贈られてきたひな飾り。初孫とあって、奮発してくれた立派な五段飾りに幸せな人生を歩んでほしいと願ったものです。それから毎年、梅の花が咲く頃にかかさず大事に飾っています。

それこそ小さい頃は、目を丸くして喜んでいた娘も今年で二十五歳。仕事の傍ら、青春を謳歌している様です。いつの日か…、私達夫婦もかわいい孫娘のために、きれいなおひな様とお内裏様を飾ってあげられる日がくるのでしょうか？

まずは素敵な伴侶を見つける方が先かな…

西本　祐子

山崎屋　Map ㉞

私、この雛をほんわか雛と名付けました。ゆったりとして、時の流れを忘れたようにお顔もお着物もアンティーク調になりました。祖母より語り聞きましたところでは、「ずっとずっと前から、おすまし顔をして飾られていたのよ」との話です。お越しの皆様に、何か語りかけているような、ほんわか、ほんわか雛です。

わたし、ひな人形は今から八十年近く前にご縁を頂き、山崎びなとなりました。その後、戦禍をのがれる為に、横浜より父の故郷にお引越しです。以後は四人姉妹に可愛がら

れ、毎年八帖床の間にひな人形は飾られてきました。幾久しい間、「川田正子」のレコードを聴きながら、歌え舞えのお祝いをして頂きました。とうとう四人姉妹は皆嫁いで、私たちひな人形は姉妹の幸せを祈りつつ、お蔵入り。時を経て平成の今、ひな巡りと言う町の盛大な催しに、再び山崎びなは、多くの方々にお会い出来る機会を得ました。この上もない喜びです。とても素敵な、嬉しい私たち、ひなの顔をご覧下さい。皆さまのお目にかかれて幸せです。

夢創館　Map ㊺

このお雛様は奈良市の保田京子様が、高取町の「町家のひなめぐり」に飾り役立ててほしいとの意向で二〇一〇年春、当協会に寄贈いただきました。雛人形は保田様の伯母様（松田様）が、昭和三十年代前半に京都老舗松屋で雛人形の段飾りをひと目見て気に入り、当時非常に高級な品でしたが、購入され大阪の自宅にて毎年節句に飾り大切にされていたものだそうです。この有職雛は、他の雛にはない独得の気品と風格を醸し出していますが、とりわけ細い面相筆で何度も何度も薄墨を塗り重ねて描かれた目や眉の表情は見る人の心を魅了するでしょう。当館にあるのが不思議と思える貴重なこの有職雛をご鑑賞頂ければ幸いです。

作者　人形司松屋十五代目　守口　源次郎
人間国宝無形文化財保持者　面竹　正太郎

和田家 Map ㊼

今年も桃の節句がきました。お雛様に向かって手を合わせます。娘たちに幸多かれと。そしてひとり暮らしをしている母に、幾つになっても恋しいおかあさん〝ありがとう〟

向って右側（本書では下）のお雛は「土雛」と呼ばれるひなで岐阜県郡上八幡から眠っていた雛を皆様にも見ていただきたく御披露目となりました

古くはこの地方では土びなで義経・那須与一・常盤御前・桃太郎など勇者の雛もあり三月三日桃の節句から四月三日まで飾り子供の成長をねがい毎年増やしていくようです。

一世紀程の時を経て日の目をみた「土雛」どうぞご覧ください。

エピソード②

この家の主婦、和田順子さんによると、自宅の離れに住む次女の夫、お婿さんが岐阜県の城下町、郡上八幡の出身。お婿さんのご両親が、「町家の雛めぐり」が催されていることを知り、「持ってきて飾りたい」と発案し、二〇一四年から飾るようになった。昭和初期のものもあり、郡上八幡では、雛祭りは単に女の子のお祭りではなく、男児の成長も願うそうである。和田さんはこれを見た時に「わあこんなものがあるの」とその色合いの美しさに感動したという。土雛たちは、郡上八幡には帰らず、同じ城下町である高取で末永く暮らすことになりそうだ。

金剛力酒店 Map ㊽

この人形は、長女の初節句に実家から届いたものです。両親が「京都まで行って一番気に入った」と話していました。今から思えば初孫で本当に嬉しかったんだと思います。ふっくらした、やさしい顔立ちのおひな様を見ていると、ほっと気持ちがなごみます。そして子供たちの幼かった頃を思い出します。毎日が忙しく、でも成長が楽しみな毎日でした。今ではすっかり成人した娘たち、顔を見れば何かと口やかましい私ですが、「おひな様が見守っているよ」と幸せを祈るばかりです。

今西洋品店　Map ⑪

このお雛さまは、長女の誕生を祝って実家の両親からの贈り物です。娘も結婚し、我家にはおりませんが、初節句以来ずっと息災を願って三月三日には毎年雛人形を飾り、お祝いをしております。

金剛力酒店

今西洋品店

木村家　Map ⑫

この雛人形は、私が生まれた昭和五十三年に、母方の祖父母から贈られたものです。母の実家、吉野町から私の生まれた大阪府松原市へ。そして縁あって、私はここ高取町へ嫁いできました。ひな人形も「町家の雛めぐり」イベントに参加するにあたり、この地に来てくれました。小さな頃のおひな様の思い出といえば、兄妹で「茶碗探し」をして遊んだことです。オニは金色の一センチ四方程の小さな茶碗を、七段の飾りのどこかに置き、他の人がそれを探すのです。ルールは、正面から見て見えるようにすること。オニは、いかにさりげなく、周りに同化させるよう

に茶碗を置くか、知恵を絞ります。華やかで、きらびやかなひな段のなかに、小さな茶碗を上手にしのばせられると、なかなか見つけることができません。私は三人兄妹。兄妹三人で、キャツキャはしゃぎながら遊び、それをおひな様は、やさしく見守ってくださっていました。

梅本家 Map ⑦⑦

このお雛様のような優しさ、凛とした美しさを兼ね備えた女性に成長して欲しい。そんな想いを込めて長女のお雛様として飾っておりました。

やがて娘も大きくなり、二十数年飾ることなくしまい込んだままになっていましたが、お雛様を再び飾ることになり当時を懐かしんでおります。

新たな生活を歩み始めた長女夫婦の幸せを、このお雛様が今も見守ってくれている気がします。

初孫怜のお雛様です。桐のお道具、焼き桐の雛壇が使われているのが珍しく思え、一目見て大いに気に入ってしまいました。美しく気品溢れる女性に成長するよう、心を込めて飾り付けることを無二の楽しみにしております。

室家 Map ⑦⑧

長女の初節句を祝って、里の両親から贈られたお雛さまです。次女も生まれ二人のお雛さまになり、幼い娘達とあれこれと言いながら飾り付けをしました。特に娘達は、今日のお話なあにの本の中の「おひなさまのたいそう」のお話は大好きで、自分たちのお雛さまに重ねて、連想しながら楽しんでいたようです。お雛祭りの日には、賑やかにひなあらしをしたことなど、いろい

ろな思い出のあるお雛さまです。

藤田家　Map ⑳

　これは長女が生まれた時のおひなさまです。横にある古いお内裏様は、私の姉が生まれた時のものです。子供も私も女二人の姉妹で、おひなさまは我が家には欠かせない存在です。私が子供の頃、「おひなさまは毎年小さくなるんだな」と不思議に思っていました。それは「おひなさまが小さくなっているのではなく、自分の背が伸びていた」と中学生の頃に気がついて笑ってしまいました。今でも忘れられない思い出です。

前川家　Map ㉜

　娘が生まれたのは、十二月の十三日。大きな声で泣き、とても元気のよい子で、娘がすこやかに成長してくれることを願って購入しました。大正十二年生れの母も、毎年ひし餅を作ってくれまして、おひな様に甘酒とともにお供えしています。

杉村家　Map 83

春三月　この二組は成人した長女、次女のおひな様です。お父さんが転勤族だった為、長女のおひな様は、おじいちゃん、おばあちゃんの家でお留守番。小振りの次女のおひな様は、二人の娘に付き添って船に乗って、シカゴでも飾ってもらいました。お父さん、お母さんが高取に戻って、二組のおひな様は再会し、そろって飾ってもらえることになりました。

岡村家　Map 86

娘の初節句に祖父から贈られたお雛様です。娘が幼い頃は、家族中でにぎやかにお飾りしていましたのに、いつの間にか押入れの箱の中にしまったままになり、二十年余り経つかも知れません。毎年桃の節句が近づくと、今年こそはと思いながら日は過ぎていったのです。お雛さまのお歳は三十?歳。その内、二十年余りも箱の中なんて。何と申し訳ないことを。本当にごめんなさいね。お雛様。

芳谷　和代

丹波家　Map 87

長男・次男に続き、待望の女の子が三人目に生まれて、早や二十年余りが経ちました。誕生のお祝に、祖父母からいただいたお雛様もいつの間にか飾らなくなってしまいました。しかし、この「町家のひなめぐり」を機会に、お雛様を飾って、みなさまに見ていただくことができ、大変うれしく思っています。

谷口家　Map ㊳

このお雛様は昭和四十二年四月長女が誕生した折、初節句に実家の母より贈られたお雛様です。その長女も二児の母になり、今は木津川市で暮らしております。次女もこのお雛様で祝いました。その次女も二児の母になり、奈良市で暮らしています。このお雛様を贈ってくれた母は百三歳を迎え、毎日元気に暮らしています。お雛様を飾る度に実家の母を思いまた二人の子供の幼なかった時の事を思い出し懐かしく思っています。

㊶増本家　Map ㊶

このお雛様は私の実家の両親から娘の翠に贈られたものです。初節句のお祝いをしたあの春の日から、早いものでもう二十数年が経とうとしています。毎年、娘と母と私の三人で笑いながら、いっぱい話しながらこのお雛様を飾ってきました。この家でたくさんの家族に見守られ、大切に慈しんで育ててきた娘は、この春嫁ぐことになりました。小さい頃お雛様の前ですまして、少しはにかんで座っていた娘の顔が昨

日の事のように思い浮かんできます。家族の願う通り、思いやりのある女性に成長してくれたことを本当に嬉しく思っています。来年からは、母と二人でお雛様を飾ります。どうか翠が末永く幸せになってくれます様にと願いながら。でも、少し寂しいかな…

エピソード3

雛飾りのデザインのための研究旅行も

毎年、趣向を凝らした雛飾りで知られる増本家では、毎年、家族同士で飾り付けのアイデアを出し合う。増本家は第一回から毎回参加している。二〇一四年は寿快《としやす》さん、弘子さん夫妻に息子夫婦、隆史さん、泰代さん、そして孫娘の翠さんという三世代の合作である。泰代さんは、ちりめん細工が得意であり、干支や花袋といった「吊るし雛」作りに精を出す。泰代さんの実家からお雛さまを贈られた翠さんは、雛めぐりが終わった翌月にお嫁入りし、今は四人暮らしである。

泰代さんは、「雛めぐり」を主催する天の川実行委員会のメンバーであるが、最初の年の反省会で、寿快さんが「三十一日間続けるのは長すぎる」ともらしたことがあった。その対策として打ち出されたのが「本日、定休日」という看板であった。それは各家々に配られたが、増本家は計八回の催し期間中に一日も休んでいない。増本家のある清水谷は壺阪山駅からだといちばん奥に位置する。「ここまで来て、『閉まっていた』では申し訳ない」という気持ちからである。趣向を凝らした増本家の雛飾りを毎年楽しみにしている人も多く、その気持ちはいっそう強くなった。雛の飾り付けのための研究に岐阜県の高山や京都などに旅行し、餅花のデザインや舞扇を使うなど飾りつけの研究に余念が無い。寿快さんは、ジャンボ雛の制作にも深くかかわっている。泰代さんは「毎年、冬が近づくと二人とも元気になります」と話す。

厳しかった明治生まれの祖母

泰代さんは約三十年前、大和高田市から嫁いだ。すでに親とは別居がふつうだった時代だったが、長男である夫の強い希望で同居した。増本家は、明治生まれの祖母や祖父が健在で、「三夫婦《みみょうと》」の暮らしとなった。

祖父はまもなく亡くなり、男性は会社員だから日中は不在。他家から嫁入りした三人の女性が一緒に昼ご飯を食べる日々が続いた。

「とにかく家を大切にするというのが祖母の方針でした」と泰代さんは話す。その祖母が亡くなるまで、弘子さんと泰代さんの二人が協力して介護した。「家人のチームワークが育まれたのも祖母のおかげ」と感謝しているという。それに、「家を大切に」の精神は受け継がれ、泰代さんたちも「家の建物に目を配り、何か不具合を見つければ、大工さんを呼んで補修してもらう」という習慣が身についている。増本家は祖母の亡くなる四年前、今から二十年前に大がかりな改修を行ったが、手入れの行き届いた住宅は今も、訪問客を感動させている。

西川家　Map ㊿

この雛人形は、私の姉が初節句を迎えることなく亡くなって以来、三十四年振りに西川家に授かった長女真央の祝に家内の実家より贈られたものです。この人形が我が家に来た日、父は出張先より帰宅し孫とこの雛人形を前に満面の笑顔を見せて喜んでいました。しかしその頃より父の身体は病に冒され二度とこの人形を見ることなく、その年の夏に亡くなりました。毎年元気な頃の父を思い浮かべ娘の健康を祈り乍らこの人形を飾っています。

河合家　Map 96

実家の両親からの「金一封」のお祝をふところに、松屋町の姉の紹介によるお店で購入いたしました。姉は「高取のあの古い家には内裏雛をお床に飾るのが一番似合うのでは…」としきりに奨めてくれましたので、そうすることにいたしました。然しながら娘がやがて幼稚園、小学生での「ひな祭」に三人官女・五人囃子のいない内裏さまでは淋しがるのではなかろうかとの思いから、翌日まだ解かずにあったお内裏さまを背

(上)西川家、(下)河合家

負って返しに行った主人の後姿を今も忘れることができませんそうして交換してきたのが、このお雛さまなのです。それから約六十年、こんなご縁でわが家に納まったお雛さまは、きっとこの話に…いやはや、おろかなることよ…と苦笑されているのではないでしょうか。

―八十七才、この家の婆々記―

河合家 Map ㉗

昭和四十二年にこの家の長女として生まれた私に、母の実家から御殿雛をもらいました。毎年のように飾ってもらっていたのを覚えています。四歳下に妹もいましたので、他の家よりも長く飾ることが出来ました。この為、御殿の消耗がはげしく、あちらこちらが壊れ組み立てることが出来なくなり、やむなく処分をしてしまいました。今思うともったいないことをしたと思います。お雛様だけは残し毎年のように飾っています。御殿の中に入っているお雛様は小さくてかわいいです。

菜の花館 Map 98

娘の初節句に、娘の祖父母から贈られたもので、その後毎年家で飾っていましたが嫁いだ後、町の家では飾る場所がなく、しばらくしまってありました。この機会に皆様に見て頂ければ嬉しいです。

第四章　私の雛物語

天の川実行委員会では、二〇一二年から「私（我が家）の雛物語」を毎年、公募している。「町家の雛めぐり」でお雛様を飾っている家だけでなく、全国のふつうの家、ふつうのお雛様にも心温まる物語があるはずだという思いからの募集である。告知が不十分だったため、寄せられた「雛物語」は多くはなかった。しかし、八〇〇字以内という制限にもかかわらず、人生の喜びや悲しみを雛人形や雛祭りの思い出に託した、ねらい通りの心温まる作品ばかりである。本書には、二〇一二年と二〇一四年に応募作品から選ばれた各年の最優秀賞一点、優秀賞三点を掲載した（二〇一三年は応募が少なかったため中止）。

【表彰作品】（敬称略）

二〇一二年
最優秀賞　服部　静子＝静岡県三島市
優秀賞　蒲田　恵美＝橿原市
優秀賞　菊岡　統政＝奈良市
優秀賞　鈴木知英子＝香芝市

二〇一四年
最優秀賞　井上　宏子＝高取町
優秀賞　加藤江里子＝奈良市
優秀賞　橋本　妙子＝橿原市
優秀賞　喜納ゆかり＝橿原市

※おことわり…各作品のタイトルは主に編集部で付けました。審査員は二〇一二年が、村田順子・和歌山大学教育学部教授、エッセイストで社団法人ソーシャル・サイエンス・ラボ研究員もりきあや、天の川実行委員会代表野村幸治。二〇一四年は村田順子、もりきあや、元新聞記者神野武美。

二〇一二年　最優秀賞

退院の日

静岡県三島市　服部　静子（69）

私がガンで入院した時私は苦しさと悲しさで毎晩ベッドで泣いていました。そんな時今まで一度も手紙をくれたことのない夫が手紙をくれました。（いつまでも泣いていないで、氷の涙は溶かしてしまいなさい。春はそこまでできているよ。春になったら君の好きなおひな様を日本中ドライブして見に行こう。ガンバレ。）この手紙を読んだ私は、主治医にお願いして退院の日を三月三日に決めました。大好きな雛祭りの日だったからです。退院の日夫に手を引かれ懐かしい我が家に戻ると部屋には雛人形が飾ってありました。この雛人形は母が大切にしていた人形で、何回もの戦火を逃れてきた大きな力があるからと、私が結婚する時体の弱い私を守ってくれるようにと持たせてくれたものでした。我が家には子どもがいないので新しい雛人形を買うこともなくずっと飾り続けた雛人形でした。所々違って飾ってありましたが夫が一人で飾ってくれたので大変だったろうと思いました。お雛様に迎えてもらえる幸せと夫の優しさに感謝しました。いつもならちらし寿司とはまぐりのお吸い物で迎える雛祭りでしたが、今日は夫の手料理での雛祭りでした。夫も安心したのかいつもは飲まないお酒を少しのみ眠ってしまいました。あれからどれだけのお雛様を見に行ったことでしょう。全国にはたくさんの雛の館がありいろいろなお雛様が飾られていました。質素な雛から豪華絢爛の雛、時代により地域によっても特色がありました。でも親が子どもの健やかな成長を願っての雛人形であることは、どの雛人形からも伝わってきました。今年も雛祭りが近づき我が家も雛人形を飾りました。こうして今元気になって雛人形を飾れる喜び、お雛様と一緒にいられる幸せを噛みしめています。お雛様のように凛として美しく、一日一日を大切に生きてゆこうと思っています。

思い出の一枚の写真

橿原市　蒲　田　恵　美（33）

ひな祭りといえば思い出す一枚の写真がある。私がまだ小学生だった頃。お雛様の前で着物を着せてもらった私と、そんな私を見上げる幼い妹が嬉しそうに笑っている。撮影者は母。髪が短く、よく男の子に間違えられていた私が、この日ばかりはと、目一杯おしゃれをしている。少し恥ずかしく、だけどやっぱり嬉しくて、レンズ越しの母に笑いかけている。妹も「いつものお姉ちゃんと違うぞ。」って何となくわかっていたのだろうか。私や妹が大きくなるにつれ、お雛様を見る機会は徐々に減っていった。最後に家族でお雛様を飾ったのはいつだろうか、それもわからないくらい我が家のお雛様とはご無沙汰していた。

今年のお正月、実家に帰省したときに長年眠っていたお雛様を父が蔵から出してくれた。久々であろう新鮮な空気と日の光の下で、透き通る白肌と端正な顔立ちの美しいお雛様が私の前に現れた。昔と変わらぬ優しい面持ちに、まるであの頃にタイムスリップしたかのような感覚を覚えた。それと同時に、私にカメラを向けていたあの母の楽しそうな笑顔が甦った。そんな母はもうこの世にいない。

昨年春に産まれた娘の顔を母に見せることはできなかった。将来私に子どもが産まれたら、街で見かけたかわいい洋服を買ってあげる、なんて話していたのに。母はとても厳しいひとであったが、内面は誰よりも優しいことを私も妹もわかっていた。孫にはとても甘いおばあちゃんなっていたのかな。

娘が産まれた時から、私は自分のお雛様を譲ろうと決めていた。我が家では雛段を飾れるスペースが無く、実家からお雛様とお内裏様だけを持ち帰った。父は「台が無かったら台無しだぞ。」なんて言っていたけれど。伝い歩きを始めた娘が誤って落とさぬよう、少し高い位置にお雛様を飾った。これからひな祭りを迎えるたびに娘の背はその高さを越していくだろう。そんな娘の成長を母はお雛様の陰からそっと見守っていてくれるだろうか。

沙羯羅《さから》

奈良市　菊岡統《むね》政《まさ》(83)

このお雛様は、私の母が八十八歳の米寿の時に創った桐塑《とうそ》人形です。桐の粉と餅米の糊を混ぜて人形の塑像を創り、和紙を好みの色に草木染めをして人形の表面に張り、眉を描き、頬紅を塗り、そして、お眼を画き入れます。

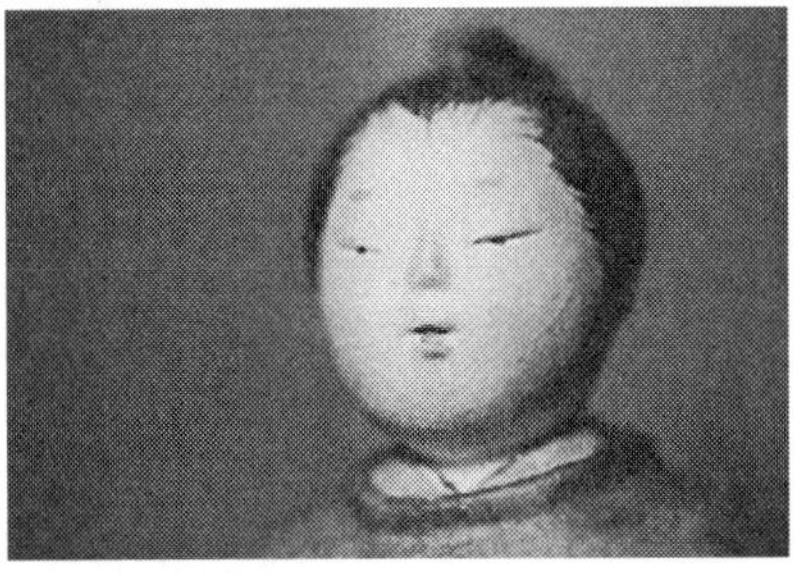

このお雛様の着物の袖にはピンク色の桜の花びらが下地に入っているのですが、とてもステキです。その顔は私の姉や妹の幼い頃の表情にとても良く似ているのに驚いています。

　キレ長のおだやかな、やさしい眼。そのふっくらとしたお雛さまの姿は、そのまま、若き日の母の「自画像」なのではなかろうか。

　先年、私は興福寺の「お堂でみる阿修羅展」を見て来た。共に展示されていた八部衆の中で、特にあどけない童顔の「沙羯羅」のお姿を見て、長年、私が懐いてきたあの阿修羅像に漂う童顔と愁いの表情の、意味深い謎が氷解する想いがした。

　光明皇后は待望の末に生まれて来た皇太子を可愛い盛りの一歳を迎えずに亡くしている。

　私はその沙羯羅と阿修羅に共通する童顔と愁いの表情に、光明皇后の吾子への母としての深い想いと願いとを読み取るのです。

　実は、私の母も一人の男の子を二歳未満で亡くしている。私のすぐ上の兄に当たる。昭和四年六月に亡くなり、私が生まれて来たのが昭和六年の同じ六月だから、受胎の時から母は亡くした子への想いを切なる願いを、次に生まれて来た私に託したのであろうか――。

『今日は、テルちゃんの祥月《しょうつき》命日や……』

母は度々、そんな心の底にある重いものを私に聞かせている。母が卒寿を過ぎ九十五歳で亡くなるまで、尚であった。

「三条通《みち》り」を行く人の往き来を眺めゐる
　卆寿の母の　背の丸みかな

木の火鉢で手を暖め乍ら、背を丸めて、お店の前の三条通りの人の往き来を、ずっと眺めている。永い人生を過ごして来たそんな母の姿を、少し離れたうしろの方から私はそっと眺めている。母を詠んだ私の短歌である。

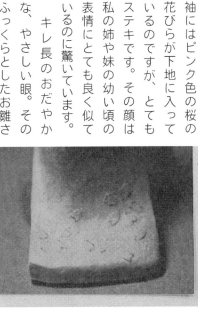

「私のお雛様」

香芝市　鈴　木　知英子（82）

私がその家の長女に生まれた瞬間からそのお雛様は私のものになりました。総領の長女だけが嫁ぐ日まで「私のお雛様」と呼べる特別のお雛様でした。特に立派だったというわけでもなく、お鼻が少し欠けていた気がします。お雛様の一体一体が厚手の和紙に丁寧に包まれて黒ずんだ長持ちに入っていました。女雛の檜扇や男雛の笏、五人囃子の笛や太鼓など、それぞれの持ち物は薄い和紙に包まれて小さなつづらに収めてありました。長持ちを開けるとぷうんと黴臭い匂いがしました。

母は壇飾りのお雛様を姑に教わりながら一日がかりで飾ってくれました。「毛氈歪んでまっせ」「お内裏様の烏帽子が傾いてまっせ」「持ち物が間違ってまへんか」祖母の口調がやたら丁寧で、そのくせ厳しかったのが幼い私にも冷たく聞こえました。祖母にも母にも決して自分の物になることのなかった雛人形を、どんな思いで私の為に飾ってくれたのだろうかと嫁ぐ日の私は思いました。

戦後海岸線に転居した我が家がチリ津波に遭い、他の家具と共にお雛様の長持ちも太平洋に消えて行きました。そんな修羅場の中を母がどんな気持ちで救ってくれたのか、古びた男雛と女雛が手元残りました。「偶然ですよ」と母は多くを語りませんでした。

私は思い出のお雛様を、まだお雛様のなかった近くの保育所に寄贈しました。保育所へのお話配達を始めて丁度四十年。娘達も通った、孫達も通った保育所で多くの子供たちとお雛祭りを楽しみました。そして今二人の曾孫が通う同じ保育所のお雛祭りです。地域の子供たちにお雛祭りのお話を届けながら、年に一度のお雛様との出会いが楽しみなのは、子どもたちより私自身なのかもしれません。

旧家に伝わったお雛様と、それにまつわる悲喜こもごもの女の思いを知っているのはもう傘寿を迎えた私だけになりました。

二〇一四年　最優秀賞

雪洞

高取町　井上宏子（49）

十五年前、実家から娘へ初節句のお祝いが届いた。飾られた雛飾りを見た時、

「あぁ帰ってきてくれた!!」

と胸が熱くなった。雪洞《ぼんぼり》を灯すと娘は小さな手をパチパチとたたいて喜んだ。

私が幼い頃、春の節句には祖母の作った押雛が飾られた。金粉で雲を象った杉板に、布に綿をつめた男雛と女雛を押した簡素なものだが上品な顔立ちや色あいに祖母の人となりが感じられた。父を含め五人の子供を産み三十六歳で亡くなった祖母は聡明で美しい人だったらしい。

私達姉妹には祖母の押雛の他にもう一つのお雛様があったと知ったのは、いくつの時だったろうか……。

私が生まれる四年前の九月、伊勢湾台風が村を襲い家の前の川も氾濫し家まで迫ってきた。三歳の上の姉は父に抱かれ、母は下の姉を身ごもった体で裏の険しい崖をよじ登り山へ避難した。翌朝、高台にあった離れ座敷と新倉を残し本宅は跡形もなくなってしまった。母の実家から贈られた雛飾りも古倉もろとも流されてしまい、後に父が土台の木枠だけを持ち帰った。その雛飾りは電気を入れるとポッと雪洞が灯る当時としては珍しい物だった。二度程飾ってもらった姉も覚えていないという。

私の記憶には、そこだけ時間が止まったように野ざらしにされた階段状の木枠がある。桃の節句は、華やかな雛飾りを見せあう友達をよそに私にとっては哀愁にひたる季節となった。

それから年月がたち私は大病もせず災害にもあわず幸せに暮らして来た。残念ながら祖母の聡明さも美しさも受けつがれなかった。母のように身重であの崖を登れる強さもない。ただ、その人達の孫であり娘である事は嬉しく誇りに思う。十六歳の彼女は何を感じるだろうか?これを期に娘にもこの話をしてあげようと思う。

そして娘を授かった私の雛祭りは、帰ってきてくれた雛飾りを喜び、祖母、母の事を想う万感交わる季節となった。

ピアノ

奈良市　加藤　江里子（64）

私はお雛様を買ってもらっていない。幼い頃の近所の仲良しの家に飾られたお雛様が今も目に浮かぶ。あの時代は自由自在に近所の家を行ったり来たりした。飾られたお雛様を見上げ、雛道具で遊び、ままごとをした。七段飾りを下から順番に数えたり、赤い緋毛氈が鮮やかで心を奪われた。一番上のお内裏様の二体は美しく、手の届かない所にいるのだと色々と想像をかき立てられ自分なりの物語を作った。

けれども私にとってお雛様と言えば記憶に残ることはたった一つ。母のひと言である。

「どうして家にはお雛様がないの？」と訊いた時、母は「和歌山のおじいちゃんからもらったお金でピアノを買ったんよ。」と。

当時黒いピアノは確かに珍しく、ピアノを習っていたことも珍しかった。和室に置かれたピアノ。それはそれで弾くことも楽しかったし嬉しくもあった。ただ、今にして思えば、それは母の夢ではなかったのかと。ショパンが好きだった母が私に託した夢だったのではと。

年を重ね、母の気持ちは痛い程解る。それでもあるわだかまりと、母の切ない気持ちをずっと引きずっている。雛祭りの季節になるといつも胸をよぎる。私はやはり、お雛様を買って欲しかったと。母はそんなことなど知らぬまま亡くなっている。

いちまさん

橿原市　橋　本　妙　子（76）

幼い頃は戦争だったものでお雛さんは、なかった時代だったのでしょうか。私の家には勿論友達の家にもなかったのか見た覚えはありません。二月豆まきが終われば六、七十糎《せんち》もあったろう「いちまさん」を出して茶箪笥の上に飾ってくれました。その横には桃ではなく梅の花に菜の花を入れたはんなりした居間のたたずまいが想い出されます。ケースに入っていないのできれいな袂をさわったり黒い髪の毛を撫でてみたりしていたのを想い出します。今思えばそれがせめてもの雛祭りのしつらえだった、と身に沁みます。三月二日は自分の誕生日と云うこともありお雛さんには特別な思いを秘かに懐いてきました。一緒に喜んでくれる筈の父は戦争にいったまま帰らぬ人。いつかこの座敷に段飾りのお雛さまをと夢を持っていましたが、結婚して生まれたのは男の子ばかり。「女の子ばかりの家に男の子、嘘みたいや」と明治生まれの母は殊の外喜んでくれましたが、段飾りとは縁がなく、孫に女の子が生まれ、嫁の実家から立派な段雛をいただくことになり、長年の夢がかない、やっと女の子の雛祭りが出来るようになり嫁の作ってくれるちらし寿司やはまぐり汁を夢のような気持でいただいております。

けどやっぱり母の飾ってくれたいちまさんの雛まつりは今も心暖かく心にやきついて離れません。三月二日を誕生日にしてくれた両親にも感謝の気持で暮らしています。

いちまさん＝市松人形

「町家の雛めぐり」では玄関先に菜の花を飾る家が多い
（本文と直接の関係はありません）

楽しさと、かなしみと

橿原市　喜納　ゆかり（80）

「タカ子さんち、おひな様出したかしら。」いそいそと友人宅へ行くことから私の春は始まる。彼女は三人姉妹の末っ子。家中で愛されていて、おひな様の立派なのもその一つの現れと、子供心に羨ましかった。

昭和の初期……私達子供がわくわくする行事は、ひな祭りがトップだった。

旧暦でひな祭りは祝うので、陽気もよく、村人が集まって酒盛りが始まる。おひな様と一張羅を着て笑い興じている母達を見てると、自然にうれしくなった。

タカ子さん方のおひな様は村でも見事な、御殿びなで、お内裏様は御殿の奥に並んでいて、三人官女は御殿の外に立っていた。

段飾りの一番下の畳の上には、お姉様方のも合せて市松人形が、三人可愛らしい顔をして、こちらを見ていた。

わたしの家には、おひな様はなかった。母の実家からもらえなかったのだ。

解っていても満たされなかった想いは今も私の奥深いところでくすぶる。

デパートにおひな様が展示されると、自然に足が向く。「親王びなでも買おうかな。」……愛くるしい市松人形の方がよいかしら？……

こんな気持でひな人形を物色してる私を、他人が見ると孫のために物色している祖母に見えるだろう。

一昨年故郷に帰った時……あんなに愛情を、一身に集めて育った友が、自殺したことを知らされた。

お姉様たちのバックアップもあって、いつも大らかに笑って、のびやかにすごされていたのに……

おひな祭りが来ると友の顔が浮かぶ。

哀しみから死を選んだ友でなく、お姉様方と、あどけなく笑っていた顔が。

第五章

関東の大学生が見た「雛めぐり」

大井　聡子

十三編のエッセーは、早稲田大学教育学部の学生、大井聡子が書いたものである。大井は二年生だった二〇一三年三月、国内旅行の途中にインターネットで「第七回町家の雛めぐり」を知り、「面白そう」とわずか半日間、高取町を訪れて、雛めぐりの様子とそこでの出会いを写真と文章付きの美しい小冊子にまとめ、天の川実行委員会に郵送してきた。「町家の雛めぐり」は、おじさんやおばさん、いやお爺さん、お婆さんが生きがいを求め活躍するイベントである。気になるのは「若者にはどう見えるのだろうか」「他の土地の人にはどう見えるのだろうか」である。横浜生まれ、横浜育ちの大井さんはそのために最適な人材であった。早速、高取町に来てもらって数日間、民家に宿泊し雛めぐりでの出会いを感じたままに綴ってもらった。（神野武美）

昔のまま？

紫の毛せんに置かれたお雛様が印象的な、増本家を訪問した。

お雛様の道具のなかに目を引くものがあった。三つ重

ねられた真っ赤な杯だ。

「これはね、結婚式のときに三三九度で使う杯なんですよ。一番上がご先祖への感謝、真ん中が若い二人の誓い、一番下が子孫繁栄を意味しているんです」

そう、増本家の奥様が説明してくれる。こんなに詳しい知識をすらすらと説明してくれることにびっくりしてしまった。

訪問客のひとりの女性が、天井の梁をじっくりと眺めていた。「この梁はすごいわよ。この線のライン、木がそのまま使われている」と、私に話しかけてくれる。

確かに、立派な梁だ。なかなかお目にかかれる代物ではない。できるならばずっとこのままで保存していって

もらいたいと、女性と意気投合した。

「昔のままの形で残されているんですね。すごいわ」

と女性が奥様に話しかけると、ハッとしたような表情をして、私たちを家の外にある格子のところまで連れて行ってくれた。

「いまはこの格子は木でできていますけど、戦前は鉄の棒だった。けれど、戦中の供出で持っていかれてしまって。でもほら、昔使っていた頃の穴が残っているんです」

確かに木の格子の後ろに穴だけが残っているのが分かった。かつてはここに鉄の格子が通っていたのだろう。

「全部が全部、そのままでは残せていませんね。戸棚など現代調にしたものも多いですから」

それでも女性は増本家の造りに大いに感銘を受けたらしい。

「あなた、旧家のお嫁さんに来て大変なこともあったでしょうけれど、こんなに立派な家は近頃無いんだから、よく守っていってくださいな」

そう女性が言うと、奥様も胸に沁みるところがあったのだろうか、瞳を潤ませていた。


「確かにお嫁に来た頃は、真冬のお風呂上がりに子どもを抱いて、わざわざ履物も変えて、離れに連れて行かないといけないようなこともあって。随分泣いたこともありました。でも、今となっては…」

そういって微笑んだ。

女性だから分かる気持ちがあるのかもしれない。女同士の友情を見たかのような気持ちになった。

増本家を訪れたこの女性は、下御門商店街（奈良市旧市街にある）で文房具屋を経営しているらしい。この商店街、古くは興福寺境内の市に始まるというのだから驚きだ。
「奈良は、日本人の故郷よ。空気が断然違う」
そう教えてくれた。一度、この女性のお店も訪ねてみたい。

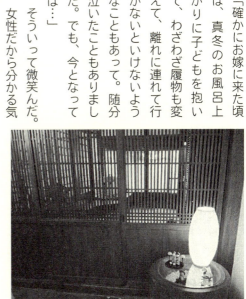

木目込み人形

近鉄壺阪山駅から歩いて数分。とある洋服屋さんに、人だかりができていた。入ってみると、ご夫婦があたたかくお客さんに対応しているところだった。

「これは木目込み人形といって、木に布を張り付けて作っているものなんです」

ふっくらとした印象を受ける、木目込みの雛人形。このお宅には段飾り雛がふたつ置かれていて、まるでお雛様たちに囲まれているような豪華な印象を受ける。

木目込みの技法は今ではあまり見られない。このお雛様の作り手の一派も、今では解散しているのだそうである。にもかかわらず、ふたつの段飾り雛は同じ作者によるもので、別々の時期に御家族がたまたま手に入れられたという。まさにご縁であろうか。「ふたつが引きあった」のだと仰っていた。

「これは赤ん坊のお雛様。段飾りのものは、手前が元服前で奥が元服後というふうに、年齢順になるよう並べているんですわ」

そう言われて見てみると、お店の入り口から奥のほうに向かって年齢が上がっていくように、三種類のお雛様が置かれていることに気が付いた。

入り口に置かれている赤ちゃんのおひな様は「唇がハート形になっている」ということで、願いを叶えてくれるお雛様としてお客さんに人気らしい。

「ハート型になっていることに、お客さんに言われてはじめて気づいたんですわ。なんでもこのお雛様を撮って携帯の待ち受け画面にすると、願いが叶うと言われているそうで。この間も、就職が決まったという女の子が来ていましたよ」

これには私も思わず、あやかりたい！と思ってしまった。

おどろきの結婚

小物のレイアウトといい室内の照明といい、並々ならぬセンスを感じるお宅にお邪魔した。玄関を入ると、上品な奥様が出迎えてくれる。奥には市松人形と真っ赤な唐笠が置かれ、淡くあたたかな光がぼんやりと室内を照らしていた。

その幻想的な美しさに思わずカメラを構えると、同じく隣で張り切っている男性が。退職後、カメラを趣味になさっているらしい。

「年取って何もしないと、ぼけてしまうよ」

とのこと。大きな一眼レフだ、羨ましい。

雛飾りのうち目を引いたのが、漆塗りの大きな桶。「外居」と書いて「ほっかい」と読むらしい。はじめて見聞きするものだ。

「これはお嫁入り道具で、お饅頭や引き出物を入れるのに使っていたんですよ」

なるほど、お饅頭ならば沢山入ってしまいそうだ。艶々として美しく、重厚な雰囲気が漂っている。ここに置かれているお嫁入り道具のほとんどは奥様のお祖母さんから伝わるものなのだそうだ。

「昔はこんな風に嫁入り道具が多くて大変だったのよ」

と、奥様。自然と、話題は結婚の思い出話へと移った。昔は式場ではなく自宅で式を執り行うことが珍しくなかったそうだ。

「私のときはひどい雪の日で、雪の重みで垂れ下がった笹が車の進路を邪魔していたんです。でもお嫁入りというのはバックしてはいけないものだから、人を呼んで伐採していただいて。大変でしたよ」

そんな奥様の話のなかでも度肝を抜いたのが、箪笥の話。

「お嫁入りしてからしばらくの間は、嫁入り道具を外から見えるところに置いておくんです。箪笥の引き出しも開けておいて、肌着から晴れ着まで見えるように出しておきます。隣近所の人が、どんなお嫁さんが来たのかを見られるようにね」

奥様は当然のことのように話しているが、あまりのことに「えっ！」と漏らすと、

「あなたが驚いていることに驚いちゃうよ。僕らの世代は、それが当たり前だったからね」

と、カメラの男性。しかし、「近隣の人にプライベートな部分を曝け出す」ということに、私は大きな抵抗感を覚えた。もし大した用意ができなかったとしたら、ご近所に笑われてしまうのだろうか。それはひどいストレスだ。

最近の結婚は、ご近所が関わるなんていうことは皆無に等しい。そして、そのほうがずっと気が楽だ。下手をしたら家族の介入でさえも疎ましく感じることがあるのかも知れない。

ほかにも、さまざまな慣習について話してくれた。御祝儀のお返しとして「お多芽」と呼ばれる半紙の包みをお客様に渡すのがこの地方では通例なのだという。大抵の場合は、ご祝儀の一割のお金を包むそうだ。

「京都では『うつり』とも言いますね。綺麗に水引も結ぶんですよ」

との奥様の言葉に、またもや絶望する。あのような難しい結び方は私にはできそうもない。

とにかく聞き慣れない話ばかりで、頭がくらくらしてしまった。形式ばった空間を想像するだけで肩が凝る。

「最近は同棲とか出来ちゃった婚なんていうことをよく聞くけれど、信じられないね。」

と男性は言うが、私にとっては箪笥やお多芽の話のほうがよっぽど「信じられない」ことだった。近隣の人に値踏みなんかされたくはないし、儀礼もとにかく面倒だ。自分がもし当事者となったらと考えると、気が遠くなるような思いがする。

「今の人は自由になりすぎているよ。昔の結婚にも悪い点はあったのかもしれないけれど、それは社会の秩序を保つことにも繋がっていたのだと思うよ」

この言葉には肯けるところがあるものの、私は違和感を抱かずにはいられなかった。好きな人と、好きなように結婚することがかなわないなんて！

家同士の取り決めやさまざまな儀礼といったことは、ほかにも山ほどあるという。メンドクサイことだらけだ！　そんなことを言うと、多くの人に怒られてしまうのかもしれない。しかし、私の感覚さえも「古い」と言われてしまうような時代は、いつか必ずやってくるのだろう。

外《ほっ》居《かい》

坂の上にある家の中から、笑い声が聞こえて来た。楽しげなその声に惹かれて坂を上ると、そこには大きな蔵が！　見慣れない景色に驚きつつも玄関を入ると、小柄なおばあさまが出迎えてくれた。何人かお客さんもいて、楽しくお話をなさっている。足腰が悪いように見えたので私が椅子を勧めたが、立ったまま話をしてくださった。

「このお雛様を買う以前に、お内裏様だけ買ったことがあったの。でも、二人だけじゃ寂しいからって、一式買いなおしたのね。そのときお店に頼んで交換という形で買ったのだけど、お釣りが返ってきちゃった。最初のものが相当いいものだったのね」

残念ながら後追いとなったおひな様は棚ではなく床に置かれていて、おばあさんがすべて一人で飾り付けをなさったそうだ。

このお宅には、珍しい四角形の「外居」が置かれていた。何より、おばあさまが書いたという「外居」の説明書きの文字の美しいこと！　訊くと、かつて学校の先生だったとか。息子さんも教師をしていて、なんと出身大学が私と同じという。その息子さんの大学時代のエピソードを聞かせてくれた。

「息子が東京に一人暮らしをしていた頃、娘が『お兄ちゃんの仕送りを増やしてあげて』って言うの。理由を聞いたら、息子は友達と歩いていても歩くペースが遅くて、どんどん置いて行かれていたらしい。ご飯が足りなくて、追いつく元気が出なかったのね。私も反省して、仕送りを増やしたのよ」

今はなかなか、そんな苦学生は見かけない。

高取町にゆかりのある「4S」と呼ばれる四人の俳人

の存在も教えてくれた。

「阿波野青畝、高野素十、水原秋桜子。あとひとりが思い出せないのよねえ……」

後からファックスで「山口誓子」の名前を教えてもらった。お心遣いに感謝である。

帰りがけに、「つつがないように」との言葉をくださった。

「つつがない、というのは、『つつが』という漢字が病気という意味を持っていたことに由来する言葉なの。病気がないように、ということね」

ここのお宅は、かつて高取城のお殿様の教育係を司っていたお家なのだという。

市松人形

「たばこ」の看板が目立つ、医薬品や生活用品を細々と売る薬局に入った。入口に置かれた八十年前のものだという市松人形はとても可愛らしい顔をしている。着ている着物もどこか最近のものとは違い、晴れ着というよりはカラフルな普段着といった印象だ。

女の子のなかには市松人形に対して「怖い」という印象

をもつ子が少なくない。無機質な表情や伸び出しそうな黒髪がそう思わせるのだろうけれど、このお人形にはそのような恐ろしさはみじんも感じられない。愛らしい目元と、手ごろな大きさが魅力的だ。人形を貰った八十年前の女の子が少し羨ましくなった。

出迎えてくれたのは、かつて薬剤師としてこの薬局で働いていた年配の女性だった。

「この冠、立派でしょう。催しごとのあるハレの日にお姫様が特別に被るものです」

お雛様にもハレの日とそうでない日があるなんて。いつもにぎやかにしているものだと思っていたけれど、こうなると本モノの皇后さまのようだ。

目を引いたのが「薬局」と書かれた室内を仕切るガラス。かつては薬剤師さんと患者さんの間を隔てていたなのだろう。ガラスと机の間から、薬がスッと差し出されるさまを想像する。薬剤師さんは、奥で調剤をしたのちに、患者さんとお話をしていたのだろう。最近の薬局とはずいぶん違っている。

近頃は、ガラス越しに見える調剤室の中では人が慌だしく動き回っていて、来客に対応する薬剤師さんがブースにやってくるスタイルのところがほとんどだ。調剤と対応は、別々の人間が受け持つことになる。見知った薬剤師さんが目の見えるところで調剤し、そのまま薬の説明をしてくれる。こういったスタイルにはどこか安心感がある。

調剤室の奥のほうには、ビーカーや顕微鏡がまるで時が止まったかのように置かれていた。ここは、ある意味では廃墟だ。でもおばあさんは生き生きと「家を壊すこと」についての悩みを話してくれた。

「息子が、こんな古い家を壊せ壊せと言うんですわ。私はこのままでもいいんやけど…」

はっきりとは仰らなかったけれど、かつての職場であり今は住居であるこの家への愛着を感じた。高取町では、どんどんと古い家が壊され、その姿を変えつつある。

酒屋さん

ふと酒粕の匂いがして、酒屋さんらしきお店を覗き込んでみると、酒樽の上にお雛様が飾られていた。樽の木目に鮮やかな衣装がよくマッチし、お雛様の可愛らしさが引き立つようだ。

ゆっくりと眺めていると奥様が出てきて、お酒や酒造

のことをさまざまに説明してくれる。どうやらこの酒屋は元々は吉野に始まった古い酒造らしく、今では酒造所が無くなってしまったため委託されたものを販売しているらしい。お客さんが次々と入り、地酒や酒粕に目を移らせていく。

「このお雛様はね、五十年ほど前に祖父が私のために買ってくれたものなんですよ。そして祖父が亡くなったのが、四月十八日。丁度私の誕生日だったんです。だからこのお雛様を見ると、祖父を思い出してしまって……」そう言って、少しだけ目を潤ませていた。

大人の、それも立派にお孫さんも持つような年齢の女性が、童心に立ち返って涙している。そのことに胸を打たれつつ、思わず私も五年前に他界した祖母のことを思い出した。

祖母は毎年桃の節句になると、私のためにたくさんのお雛様を飾り付けてくれていた。お手製のちらし寿司も見た目に鮮やかで、賑々しいお節句を過ごした記憶がある。私も祖母の心遣いが嬉しくて、はしゃぎ回ったものだ。

お雛様には人それぞれの記憶が染みついているのだ。そしてそれは持つ人だけではなく、贈る人やそれを守る人のぶんだけあるのだな、としみじみと実感したのだった。

人目につかない美しさ

「ほら、あの瓦見て。すごいでしょ」

そう言われて格子のあいだから覗いてみると、とんでもなく大きな瓦がどすんと砂利の上に居座っている。重厚な黒色。「天守閣に居たこともある」と言っているかのようだ。

「あれだけの瓦を綺麗に保存しておくだけでもすごいことなの」

そう教えてくれるのは、この「豪邸」の向かいにあるお店の方。青いパーカーを着ていたのでボランティアなのだろう。敷地も広く、塀の隙間から池が見えた。我が家はもちろん、神奈川や東京で庭に池があるお宅はそうそう見ない。

この豪邸に足を踏み入れることになろうとは、このときは予想だにしていなかった。

うららかな春の日。街道をてくてくと歩いていると、あの豪邸の玄関から女性が出て来た。これはチャンスと思い話しかけてみると、この家の奥様とのことで中を見させていただいた。

元々は平屋建てで、何十年か前に一部を洋風に改装した和洋折衷型である。玄関は大正ロマンを彷彿とさせるシックな雰囲気を醸し出している。文豪が住み着いていてもおかしくはない。

中に入るといきなり大きな掛け軸があり、その右手は、書院造の和室で高取城のお殿様からの貰い下げという時計（金の精密なつくり）や、螺鈿の重箱などが置いてある。博物館級では？ このようなものが一般のお宅に置かれているということが信じられない！

庭には二股に分かれた松の大木があり、振り仰ぐようにして見ないとその全貌が分からない。庭の草木も美しく整えられ、建物と合わせて美術館かと見間違えるほどである。

帰りがけに奥様は、外壁に使われている木材について教えてくれた。

「これは江戸時代からずっとこの壁に使われている板です。なんでも保存状態がとても良くて、しかも今では見られない打ちつけ方をされているらしくて。わざわざ見に来る方もいらっしゃいますよ」

しかし、私がもしこの家に住むことを想像してみるとぞっとする。

まず庭の整備が大変である。放っておいたら草がボウボウになりそうな場所は綺麗に刈り揃えられ、池には美しく花が浮かべられていた。そして、美術品の管理。源氏物語の一場面が描かれていた掛け軸は一度、日光当たり傷んでしまったことがあるとのことで、大切に箱に入れて保存されていた。国宝級の品々も、ホコリひとつ被っていなかった。この家の人以外、見る人もないのにもかかわらず。

人目につくところであろうとなかろうと、美しくしておこうという態度にはとても文化的なものがある。それは、たとえ外出しないときにもきちんと着替えて、凛とした気持ちで屋内の仕事にあたることとどこか似ている。

私が掃除もせず自室を荒れ放題にしているとき、祖母は決まって

「頭の中もこんな風になってしまうよ」と言っていたものだ。身の回りの環境は、心の環境も形作るものなのかもしれない。

この家にいるあいだじゅうは、心が何となくスッとするような清々しい気分だった。

奈良のこの町には、文化的な態度を育もうとする土壌が、何十年何百年という時間をかけながらひっそりと存在してきたように思えてならない。それも、この家一軒だけではなく、町全体を覆う空気のようなレベルで。

あわしまさん

真っ赤なパーカーが印象的な、大阪の羽曳野市から来たという女性と出会う。この方はお雛様が大好きで、各地のものを見るために全国を駆け回っているという。

「日田ではね、おきあげ雛といって、木にお雛様を挿していましたよ。お金のない人は木でなくて大根ね」

大根にお雛様！そんな飾り方をする地方があったとは。ほかにも九州のさまざまなお雛様について説明してくれた。福岡県の八女では船大工の作る箱雛、柳川では「下げもん」というつるし雛が有名という。

「お雛様はね、女の子が十二歳になったら終わりなの。その年に流してしまうこともあるのよ」

これには驚いた。二十一歳の私はいまだにお雛様を

飾っている。しかし、流すとはどういうことだろう?

尋ねてみると、「淡嶋神社」という和歌山県にある神社が雛流しの神事を執り行う場所として有名で、大抵はそこへ持っていき海へと流してもらうらしい。高取町を歩いていて「あわしまさん」という単語を何度か耳にした記憶がある。合点がいった。

願い事を人形に書いてから流すこともあるそうだ。人それぞれの想いが込められた人形は、波に揺られて神様のもとへと届くのだろうか。

話題は、一緒に眺めていたお雛様へ。

「こういう組み立て式のお雛様のことを御殿雛というの。私も買ったことがあるけれど、部品も多くて木製だと壊れやすいから保存が大変。ここのお宅は綺麗になさっているからすごいわ」

そう言われて、お雛様に目をやると、精巧な家屋がとても細い柱の上につくられていることに気付いた。

「九州には空襲が少なかったから、今ではほとんど見かけられない御殿雛がたくさん残っているの。是非一度、行ってみなさいな」

その言葉に頷きながら、「そういえば御殿雛というものを初めて見た」と思う。調べてみると、江戸から明治にかけて関西で流行した形式だった。京の御所をモデルに作られているから「御殿」。しかし昭和の中ごろから、組みたての必要のない一式揃えのお雛様がブームとなり、徐々にその姿を消していったという。

しかし、小さな襖や屏風を見ていると、ほんとうにお雛様たちが生き生きと生活しているかのような気持ちになる。御殿のなかには小さな世界が広がっている。女の子の憧れの宮中生活がすぐそこにある。私のなかの乙女心も、久々にくすぐられたのだった。

教養深い来訪者

紫色の上品なストールが目に入った。雛段の前に立つ女性の周りに、人だかりが出来ている。彼女の話に、みんな耳を傾けているようだった。

「三人官女を見て下さい。真ん中がお殿様に杯を差し上げる人。向かって右側が、盃にお酒を注ぎ入れる人。左側は……」

雛人形たちの役割について話しているようだった。話は終わりかけだったが、

「すみません、途中から聞いていたものですから、もう一度教えてくれませんか?」と図々しいお願いをする。それでも、快く教えてくれた彼女は、礼法学者で民俗学も研究している方だった。

「日本は左側優先の文化ですから、左のほうに偉い人がくるようになっています。ほら、左大臣はおじいさんでしょう。年配の人は尊敬に値するからよ」

京都御所に見られるような「左近の桜、右近の橘」という飾り方にもそれが関係しているらしい。桜は日本の伝統的な花であるから、左側に配置するそうである。

「日本で大切にされていることばのうち『サ』から始まるものが多いのは、面白いことだと思いませんか?」

この方曰く、「桜」はかつて「左倉」と書かれたという説もあるのだそう。言われてみれば「酒」や「笹」のように行事にまつわる単語には「サ」がついていることが多い。

「あなた、学生さんなら、このあたりのことを研究してみても面白いんじゃないかしら」との言葉を下さった。

「なぜそもそも、右ではなく左側が上位とされているのか」という質問をしたところ、

「古事記にヒントがあります。あとは自分で考えてごらんなさい」とだ

写真は本文と直接、関係ありません

け言い残して、その場を立ち去ってしまった。

不完全燃焼の私は彼女を探した。つい先ほど別れたばかりなのになかなか見つからない。

ふらふらしていると、「家内をお探しかな？」と声をかけられた。彼女のご主人であった。私と話し込んでいるところを見かけていたそうだ。

ご主人は、石州流という茶道の流派の専門家で、服装もダンディで格好いい。

「茶道といったら何をイメージしますか？」との質問に、「時間がとても長くて、少し窮屈な印象です」と素直に答えると、意外なお話を聞かせてくれた。

「茶道というのは四時間程かかるものだけれど、その時間をもたせられるくらいのバックボーンを持っていないと難しい。お茶を点てられるという能力だけではとてもやっていけませんよ」とのこと。相応の知識をもっていないと、それほどに長い時間なんて過ごせないということだ。茶器や季節の話題にも精通していなければ厳しいものがあるのだろう。

私のような素人がやってみたところで、お客さんは三十分で飽きてしまいそうだ。このご主人の出身は東京都の田無（西東京市）。私の大学から近いのでご縁を感じる。

「僕はかつて田無人としての誇りをもっていたね。でも今は、奈良人としてのプライドを持っているよ」

そんな風に、なにかに誇りを持つことが大切なのだとご主人はおっしゃる。

「人生、何が起こるか分からない。だから自分が何処に行くことになっても大丈夫で居られるように、ぶれないアイデンティティを持つことが大切だよ」

ご夫婦はなんと教養が深く、立派な哲学を持っていることか。この町には師とすべき人が多く集まり過ぎる、と少し眩暈がした。そういった人を惹きつけるなにかがこの町にはあるのだろうか。

ご夫婦と別れた後、「あらあなた、さっきの子でしょ」と、別の女性から声をかけられた。一緒に雛人形たちの役割の話を聞いていた一人だった。この方もご夫婦で来ていたが、二人とも特色ある地方に興味があるという。

「備中松山（岡山県高梁市）にも、素晴らしい町家がありますよ」と、行った先の地方のことをさまざまに教えてくれる。なかでも、輪島の千枚田は圧巻だそうだ。なんでもそこには、「饗の事」という伝統行事を唯一引き継いでいる家があるらしく、その住所まで詳しく思い出して教えてくれた。

「饗の事」は民俗学の授業で聞いたことがある。コメの神様をおもてなしする儀礼だが、まさか、現代にも引き継がれているとは思ってもみなかった。

　ご主人のお話で最も印象的だったエピソード。

「備中松山に行ったとき、二人で歩いていたら、道を行く中学生が『こんにちは！』って、元気に挨拶をしてくれた。びっくりしちゃったね。本当は当たり前のことなのかもしれないけれど、田舎の子はやっぱりいいね」

　思わず、ドキッとした。私も全く同じ経験をこの高取町でしたことがあった。あのときはどぎまぎしてしまった記憶がある。それは私が見ず知らずの人との触れ合いに慣れていない、ということなのかもしれなかった。都会では見知らぬ人に挨拶をするなんてことは滅多に無い。「知らない人に声をかけてはいけない」という教訓さえもある。

雨の日の折り紙

　雨がしとしと降っている。さすがに今日はお客さんもまばらだ。

「雛物語」という、お雛様にまつわる思い出が綴られた色紙が各家庭におかれている。とあるお宅（室家）の「雛物語」の文章のなかに「ひなあらし」という単語があった。
「ひなあらしって何でしょうね？」
と同行していた藤平眞紀子先生（奈良女子大准教授）と話していると、奥様（佳子さん）が奥から出てきてくれた。
「普段はお客さんの前に出ることもないのだけど、黄色い声が聞こえて来たから、思わず」とにこにこしていらっしゃった。

奥様に聞くと、「ひなあらし」というのは小さな子が、お雛様の前で御馳走を食べたり騒いだりして遊ぶことを言うのだそうだ。なるほど、お雛様も喜びそうだ。

このお宅にも「外居」が置いてあり、それを見て二人でおしゃべりしていると、江戸時代のものという「外居入れ」を出してきてくださった。木製でとても大きい。天秤で担いで持ち運びが出来るように、紐もついていた。何代も前のお嫁さんが、嫁入りのときに持ってきたのだろうか。

ふと雛段に目を向けると、小さな折り紙で作られたお雛様がたくさん置かれていた。

「今日は雨の日だからお客さんも少ないと思って、少しだけれど置いておいたんです。よかったら、持って行ってください」と、勧めてくれる。奥様は折り紙を趣味にしているらしい。どれにしようか迷っていると「一緒に折ってみませんか」とのお誘い。お言葉に甘えて、折り紙体験をさせていただくことになった。

色とりどりの紙を出してきてくれ、丁寧に折り方を教えてくれる。一緒に手を動かしながら、お子さんの思い出話を語ってくれた。

「うちの子は『おひなさまのたいそう』という絵本が大好きで。毎晩読んで読んでとせがんでいましたよ。もう、四十五年も前ですね。今でも、子どもの姿が目に浮かびますよ」

子どもを持つ親の気持ちは、私にはまだ分からないけれど、雛段を見つめる奥様のまなざしはとても優しかった。

さて、お雛様が出来あがった。私のものは少し歪で、がたついている。先生のものはシックな色調だ。本物の着物のように色合わせを考えることができるのが面白い。

作ったものをお土産にさせてもらい、帰路につく。雨の日の素敵な出会いに感謝だ。

室家の折り紙のお雛さまにはこんなエピソードがあった。雛めぐりが終了した三月三十一日に一通の葉書が天の川実行委員会に届いた。その文面は、

【表面】昨日（三十日）孫と私（祖母）がおひなめぐりに行かせていただき深く感謝しました。その際、㊾のお宅で奥様に色紙でおひなさまの折り方を教えて

いただきました。孫は大変喜んで家で沢山つくっております。お礼にハガキを出すと申しますのでお手数ですがお届け願えませんでしょうか?スタッフの方々ご自愛をお祈りします。

【裏面】おばちゃんへ　三十日におりがみでおひなさまの作り方をおしえてもらった、生駒直子です。（二年生）家に帰って作り母にほめてもらいました。ありがとうございました。すごく楽しかったです。

天の川実行委員会のメンバーが早速㊾室家に届けたところ、室家の奥様（佳子さん）は感激して直子ちゃんへ返事を書いた。すると十一月に、再び直子ちゃんより手紙が送られてきた。

佳子さんへ

ひなめぐりの時に、おひなさんの作り方を教えてもらってうれしかったです。ありがとうございました。今も佳子さんの事はわすれていません。十一月七日（日）に佳子さんの町に行ってかかしめぐりにおばあちゃんが行きました。その時おばあちゃんを見ましたか?家に帰った時「かかしだらけだったよ」と、言っていました。私は行っていなかったです。また、こんな時があったらいきたいです。ひなめぐりの時、本当にありがとうございました。また、会いたいです。

直子より

佳子さんは再び、返信を書いた。

直子さん、お手紙ありがとうございました。おばちゃんの心にぱっと花がさいたようにうれしいでした。直子さんがていねいな文字で心のこもったお手紙を書かれているので本当に感心しています。そして直子さんとおばあさんのほほえましい姿を思い出していました。

おばあさんが高取のかかしめぐりに来てくださったのですね。ありがとうございました。たくさんの人たちが見物に来てくださって、かかしもせいいっぱいがんばっておもてなしをしているように思いますがどうだったでしょうか。おばあさんからお話しを聞いてくださいね。

奈良石の硯

「どうぞどうぞ、お入りください。」

ほんのり下がった目尻が印象的な男性が、笑顔で玄関

まで出迎えてくれた。その優しげな目もとは、なにかを彷彿とさせる……。そう、恵比寿様だ！

この方は彫刻家で、金沢にも工房を構えているという。かつては大学の教員だったというが、堅苦しい感じは微塵もなく、気さくに話しかけてくれる。

「この硯は奈良石で、造られとりますのや」

硯は、深緑とも鈍色ともとれる艶めきを持ち、不思議な輝きを放っている。恵比須顔の先生によると、奈良石は若草山の麓で採取され、東大寺の礎石に使われていたそうである。巨大な建築物を支える大切な石なので、簡単に割れるようなものは使えない。その品質の高さから特別な名前がついたのだろう。

ほかにも、さまざまな知識を教えてくれる。座り雛は「居座る」ことから桃の節句を過ぎても置いておくことは女の子の結婚のために縁起が悪い、立ち雛は縁起雛であるから飾っておけるなど、その知識の幅の広いこと！ふと天井を見ると、梁に使われている木材に奇妙な穴があいていた。先生に尋ねてみると、それは「高取城でかつて使われていたもの」だそうである。

また棚の方に目をやると、家紋の描かれた木箱があった。

「大きいほうは、祭りに使う大提灯を入れる箱。小さいほうは、手提灯を入れるんですわ」とのこと。かつてはこの土佐街道の夜道を照らしていたのかもしれない。お宅をあとにしながら、あの不思議な色の硯を思い出した。持ってみたら、奈良の歴史とそれを守ろうとする人の象徴であるように、ずしりと重いのだろう。

足湯のおじいさん

ジャンボ雛がおかれているという上子島まで、息を切らしながら歩いて行く。ゆるやかだけれど大分距離のある坂道だ。ジャンボ雛のある広場に到着すると足湯があった。すぐにでも浸かりたい気になる。出店では甘酒が売られていて、おばあさんたちが忙しげに手を動かしていた。

「ひとつください」

と言えば、お金なんて貰っても貰わなくても関係が無いかのように気軽に出してくれる。その温かさに、コンビニのレジとの差を感じた。

足湯のお湯を触ってみると少しぬるい。裏のカマドでは、おじいさんが薪を竈にくべているところだった。お話をしているうちにだんだんと、「雛めぐり」への思いを打ち明けてくれるようになった。

「畑仕事なら、やろうと思えばいくらでもあるので、わざわざここにこうしてボランティアに出てくることもない。でも、皆で集まったりすることで少しでも自分が元気になるんじゃないかと思いまして」

おじいさんは、数年前に脚を悪くして引きこもりがちになっていたという。人が集まる以上、多少の摩擦もあるのだけれど、話し相手ができることや身体を動かす機会があることは、自分にとってもよいことなのだと話し

てくれた。

「子どもは学校に行くし、息子たちは都会にいるやろ。だいたい、ここには高齢者しかいませんのや。そんなかで、どうにか健康を保っていこうとしているんですわ」

おじいさんの言葉はイントネーションがきつくて、聞き取り辛かったけれど、一生懸命に身体を動かしながら私に話しかけてくれていることに、ふと涙がこぼれそうになった。

家族の風景とみやび会

高取町に滞在しているあいだの数日間、「みやび会」というボランティア団体で活動をされているという辻秋子さんのお宅に宿泊させていただいた。雛巡りのイベント中は五平餅を売る活動をしていて、その売り上げはネパールに暮らす不就学児童のための義捐金となっているという。メイン会場の「雛の里親館」がある「街の駅城《き》跡《せき》」では団体で訪れた観光客のために餅花作りの指導もしている。精力的に各テーブルを回る姿はまるで美術の先生のようだった。今は亡き私の祖母と同い年の辻さんの元気の秘訣は、こうした活動にあるのかもしれない。

さて、辻さん宅に居るあいだは妹さんとお喋りをしたり、美味しい食事を御馳走になったり、それはそれは楽しい時間を過ごした。ただ、驚くようなこともあった。宿泊二日目の朝のことである。

「おはようございます」

目をこすりながら居間に行くと、知らない女性が炬燵に入ってなにやら作業をしていた。怪訝な顔の私に、「ご近所の和田（恵美子）さんだよ」と、辻さんが教えてくれる。雛巡りで一緒に五平餅を売っている方である。しばらくお茶を飲んだりテレビを見たりして帰って行った。ふと考えると、「家の中に家族以外の人がいる」「出入りを自由にしている」ということが不思議なことに思えた。

「田舎では外出するときも鍵を閉めない」とはよく聞くけれども、これほどまでに人の往き来が自由になっているなどとは想像もしていなかった。「生活が似ている」「共通の基盤に立って暮らしている」ことが大きいのではないかと思った。

　私の年代の友人は二十歳を過ぎれば、みなそれぞれの生活をしていて、お互い干渉しあうことはあまり無い。たまに会って元気だろうかと確認し合うくらいだ。近所に住んでいたとしても、本人以外の家族の存在もあり、なかなか気軽には出向けない。

　しかし、辻さんのお宅では家族の垣根を越えた交流が為されている。みなさんともに、主婦で、ボランティア活動をしているということ。このことが人を繋げる要因となっているのだろう。雛巡りのボランティア活動もこのようにして、人と人を家族のような関係にまで繋げる役割をもっているのではないだろうか。

　炬燵に入って餅花を一緒に作らせていただいた。案外難しい。辻さんや和田さんのものを見ると色のバランスもよく綺麗に出来ていてほれぼれする。みんなで作りながら、気持ちが溶けて行くような感覚がした。ああ、家族といるような感覚だ。こんなふうに何かを共有し、それを拠り所にすることで、人は安心して生きていけるものなのかもしれない。

　帰り際、辻さんたちは、庭で採れたという栗の実や餅花、お菓子、手芸細工などのたくさんのお土産を私に持たせてくれた。深夜に一緒にドラマを見て、あれやこれやとお喋りしたことも良い思い出である。高取町の人同士をつなげたように、遠く離れた私と辻さんたちをも、雛巡りのイベントは繋ぎとめてくれたのだ。

第六章　おじさんたちの雛物語

神野　武美

ひなまつりは、女性が主役の年中行事である。「町家の雛めぐり」でも訪問客に応対し、おしゃべりをする家人も女性が多い。無論、おばさんたちはいろいろな場面で大活躍だが、それを支えるおじさんたちの活躍は見逃せない。そんなおじさんやおばさんたちの様子をルポしたのが次の十二編である。橿原、吉野という高取町周辺で長年、地域を取材する新聞記者をしていた神野武美が担当した。

五平餅とネパールの学校づくり

大井聡子さんが書いた「家族の風景とみやび会」に登場する辻秋子さんや和田恵美子さんたちが、五平餅を一個一二〇円で売っている屋台は、夢創館の駐車場入り口付近にある。メンバー五人はみんな七十歳を超えている。「みやび会」は一見、ふつうの地域活動グループにみえるが、本当は高取町商工会女性部ＯＧが一九九八年ごろに結成したインターナショナルな団体である。

結成のきっかけは、当時の商工会事務局長が「勉強したくても学校に行けない子どもたちのためにネパールに学校を建てる」活動に賛同し、それを手伝うのが目的である。奨学金を入学から卒業するまでの六年間、一人の児童に送り続けるだけでなく、学校の建設も支援する。

学校は、平屋の校舎三、四棟で三十万～五十万円程度で完成する。辻さんらは現地に二回旅行した。道中は相当厳しく、カトマンズからポカラまで飛行機、そこから大型バスで一時間、トラックに乗せられて四十分、さらにそこから迎えに来た子どもたちに案内されて徒歩で河原を歩きようやく着くような場所だった。とくに二回目は、お米を五升も持参してテント暮らしも経験し、一人約二十㌔の荷物も担いだという。辻さんは「靴を履いていない子どももたくさんいた。都市には、親に捨てられ浮浪している子

どもらのグループにも出会った。年長の子どもが小さい子に食べ物を優先的に与えて助け合っている」と経験談を話す。旅費は自分持ちだが、支援金は、廃品回収で集めたアルミ缶を売ったり、不用品を集めてバザーをやったりして集めた。「雛めぐり」での五平餅の販売も資金集めの一環であり、深い意味がある。

ご近所コンサート

折り紙の雛人形を作る室家では毎年、三月最初の日曜日に「ひなコンサート」を開く。二〇一四年は三月二日だった。母屋のわきの屋根付きのガレージ内にいすを並べ、開演前から近所の人たちが集まってリハーサルを繰り返す。玄関先には、模造紙にマジックインキで書いた十三曲の演奏プログラムが張り出された。独唱が二人で二曲ずつ、器楽演奏だけのアンサンブルが二曲、残り七曲「うれしいひなまつり」「富士の山」「花は咲く」などは「いっしょに歌いましょう」という構成である。伴奏はエレクトーン、卓上ピアノ、トランペット。この家の娘さん二人と婿さん一人が担当した。

小雨の降るあいにくの天気にもかかわらず、ＮＨＫ「あまちゃん」のテーマ曲のアンサンブルで開演した午前十一時半ごろには、車いすの人も含めて約四十人が集まり、入りきれない人たちは向かいの家の車庫で雨を凌いだ。母屋の軒下には、女性約十人が楽譜を持って一列に居並び、伴奏に合わせて声を上げていた。独唱は、ここから五十㍍ほどの町家に住む今西家の八十歳になる男性と県内在住のソプラノ歌手であった。今西さんは、学生時代にダークダックスのようなコーラスを結成し、今も音楽活動を続けている。この日はイタリア語と英語で外国の歌曲を朗々と歌っていた。この町家で洋品店を営

こふんぐり

み、小さなショーウィンドウにいつもは、かわいい子供服がかかっているが、期間中は雛人形に模様替えする。

　七十六歳となる室家の当主重明さんは大阪の中学校の元数学教師。定年前は校長も務めていた。現在は下子島地区の老人会長。築二〇〇年以上の藁葺きの武家屋敷を約三十年前に建て替えたが、今は夫婦二人しか住んでいない。夫妻は「私は音楽はやりませんが、娘たちが音楽好きなのです」と話す。子供はいずれも四十歳代の三人。長男は広島在住の大手電機会社の技術者、娘二人は嫁いで県内に住んでいるが、エレクトーンやピアノを学び、一人は大学院で器楽を学ぶ。町内に住んでいる音楽家夫妻（夫は管弦楽団のビオラ奏者、妻はピアニスト）にピアノを習い、今も時折、実家に戻りピアノを教えている。トランペットを吹くのは婿さんの一人。高校時代にブラスバンドに参加し、現在は公務員だが「ひなコンサートは年に一度だけ吹く機会」と言う。もう一人の婿さんも会場の設営を手伝い、孫もコンサートの歌の輪に加わる。家族が集まるひとときである。

　ひなコンサートを開いたきっかけは、正月に一家が集まったとき、婿さんに「雛めぐりでトランペット吹きやー」など冗談めかせて言ったことがご近所に伝わり、「お手伝いするから」という人もいて、「やらざるを得なくなった」のだそうだ。

　合唱に参加した女性たちは、妻佳子さんをリーダーとする郷土食「こふんぐり」作りのグループという。米粉、もち米、砂糖、黄粉に水を加えて練ったお団子のような食感の手作りお菓子で、来客をもてなしたり、秋の高取城祭り（十一月下旬）の会場でも一個五十円で売ったりする。コンサートの稽古は事前に一回しただけ。コンサートの運営も「手作り感」いっぱいである。「毎年のように今年もするのか?と聞かれ、みんな待っているので止められない」と佳子さんは言う。

二〇一三年夏には中国・北京大学のバスケットボールの選手二人を民泊させた。隣の明日香村の事業に協力したのだが、夫妻は中国語がまったく解らない。そこでお向かいの古い町家を借りて住む橿原考古学研究所所属の考古学者から中国語辞典を借りて凌いだという。

雛物語には、『おひなさまのたいそう』のお話が大好き…」などと書かれていたが、佳子さんは「娘たちは、雛人形の無表情なところが本当は好きでなかったので、あまり飾っていないという。第一お雛様には動きが無いでしょう」とネタ晴らしする。たしかに、コンサートも体操も動きのあるものである。

このような濃厚な近所づきあいだが、周囲の五、六軒は空き家である。「売値は一〇〇〇万円くらい。でも修復にかかるのがどれくらいかわからない」。そんな悩みも抱えた地域社会である。

地域の居間

大井聡子さんの「奈良石の硯」を読んで登場人物や場所が目に浮かんできた。「恵比寿顔の先生」とは、北へ十キロほど行った磯城郡田原本町在住の彫刻家の田村一博さん。場所は、写真に「造形工房和月《わづき》」と写っているから「地域の居間」である。

造形工房和月の作品展。陶胎の器を展示販売している（上）。増田賀代子さん（下）

そんな矢先、私の知人で田村さんの弟子でもある吉野町上市在住の亀田栄子さんから手紙が来た。中に「普段使いのうつわ展—陶胎教室作品発表会　二〇一四年五月二十四日・二十五日　奈良県橿原文化会館」という葉書が入っていた。田村さんの「陶胎教室」の弟子計十八人で展覧会を開くから「来場して」という通知である。「陶胎」とは、陶器に、釉薬ではなく漆を塗って茶器や皿、水指などにする工芸品である。

田村さんは、二〇一二年から二〇一四年の三年連続で三月の一ヶ月間、「地域の居間」で展覧会を開いている。五月二十四日午後に会場を訪れると、「地域の居間」の所有者、増田英一さんの妻賀代子さんも来ていた。高齢なこともあって夫妻は数年前、桜井市の息子の家の隣に引っ越し、この家は「準空き家」になっていた。増田さんは「五月十一日に田村さんの甥と姪が結婚して田村さんと親戚になりました」と笑顔を見せる。

「地域の居間」は、「街の駅城跡」から数軒北の築約一三〇年の木造二階建ての建物である。かつては薬製造業を営んでいたが、建物は一部改造されている。増田さんは「障子の桟も昔はもっと洒落ていた」「二階の窓にあった真鍮製の連子格子は戦時中に供出された」と話す。それでも、「雛めぐり」中に、作家たちの作品の展示場になる「店の間」や座敷は昔のままの風情である。梁にはヤリガンナで削った跡があり、天井を支える桟は自然の細い丸太を使っている。増田さんから「高取藩の武家屋敷の古材を使っているから、梁にほぞ穴が残っている」と言われ、大井さんが撮った梁の写真を思い出した。

増田さん夫妻は、桜井市に引っ越した後、野村幸治さんら天の川実行委員会に五年契約で貸し、二〇一四年はその三年目。それでも、増田さんは週二回この家に来る。朝六時半に自宅を出て電車を二回乗り継いで一時間ほどで着き、夕方は午後三時頃にここを出る。「遅くまでいると体調が悪くなる」という。

「地域の居間」は現在、隣の吉野郡大淀町の住民二人が、毎週火曜日に自作のアート作品の展示・即売場にしているが、残りの週六日は開いていない。増田さんは「独り暮らしの高齢者のたまり場にしたい」という思いで「天の川」に貸したのだが、交替で日中常駐する「留守番役」のボランティアが不足し、開放できないままである。

増田さんがここに通う理由は、「閉めっぱなしでは建物が傷む」と風通しするためでもあるが、もう一つの目的は「通り庭」を抜けた奥の裏庭の草花の手入れや草取りである。その草花を切って観光

案内所「夢創舘」前に生けたり、壺阪寺にある視覚障害者の老人ホームにボランティア活動に行ったりしている。

裏庭の草花は、自分で植えたアジサイ、ヤマブキ、カキツバタ、アヤメなどに加え、この家に一三〇年前から咲いているというキリシマツツジなど種類が多い。結婚前は料理の先生、かつて「池坊」の役員もしていた生け花の名人であり、「いまでも続けている」のは表千家の茶道である。

増田さん夫妻は最近、この家を高取町に譲渡した。本当は、天の川実行委員会に譲るつもりだったが、贈与税がかかる問題があり、町役場に引き取ってもらうことになったという。「町にはできる限り現状のまま残してもらいたい。でも、最後は道路になることもやむを得ない。町の人に喜んでもらえればいい」と話す。ここが道路になれば周囲の道路からの進入路ができて確かに便利にはなる。

「雛めぐり」の期間中、地域の居間は三、四人の作家の展示会場になる。田村さんの作品はいちばん奥に展示されている。「なぜ『地域の居間』を使うのか?」という私のありふれた質問にいきなり、「高取に賭けている」という力強い答えが返ってきた。毎年三月は橿原市内で開く「陶胎教室」を休み、毎日のようにここに来ている。

実は、田村さんの田原本の自宅は「地域の居間」と勝るとも劣らない古い町家である。県内各地の歴史的町並みを紹介する「まちづくりマップ」でも、「寺内町　田原本」の一八九二年築の「田村家住宅」として紹介されている。後に首相となった犬養毅も訪れ、奥座敷の建物は、古代の官道下ツ道を経て高取藩の家老屋敷を移築したものという。

田村さんは、十五年ほど前から陶胎に取り組んでいる。北海道の約一六〇〇年前の遺跡から漆で塗り固めた石鏃が出土したのを知り、「石と漆を出会わすとどうなるか」というインスピレーションが浮かんだ。石に漆を塗るのは「石胎」であるが、さらに文献を調べていくと江戸中期に「陶胎」というものがあったことがわかった。しかし、陶胎は明治になるとすたれてしまう。手間がかかるため、その分コストが高くなり、釉薬をかけるだけの陶器と比べて商品としての価格が高くなってしまうからだ。

それでも、田村さんは「日本食に向いた食器はやはり漆器であり、気温や湿度の影響を受けやすい木の漆器より、陶器に漆を塗った陶胎の方が耐久性に優れている」と、本格的に取り組むことにした。販売目的の商品生産向きでなくても「普段づかいの器」という生活文化にマッチすると考えている。

干支雛

「町家の雛めぐり」では、三ヶ所にジャンボ雛がある。上子島、清水谷、観覚寺の各地区の老人会や自治会が制作したものである。いちばん歴史が古いのは、土佐街道のいちばん南端にある上子島の「干支雛」である。上子島老人会（中村秀雄会長）が「土佐街道」近くの小さな畑を五年契約で借り、「上子島元気広場」というスペースをつくり、薪で湯を沸かす足湯まで設置し、第五回から第八回まで順に、高さ四～五㍍もある卯（兎）、辰（竜）、巳（蛇）、午（馬）の四対の雛人形をつくってきた。「干支ならアイデアに悩まんで済む」というのが動機である。毎回、前年十一月ごろにデザインを決め、一月中旬に制作に取りかかるが、二〇一五年の未（羊）の雛がつくれるのか岐路に立たされている。原因は二つ。一つは、畑の借地契約が来年で切れること、もう一つは、住民の高齢化の進行である。

「借りたらあかん」「借りるとしても十年単位でないとあかん」と、最近、中村さんはぼやくことしきりである。野村幸治・天の川実行委員会代表と小学校の同級生で、同実行委員会役員も勤める。ちなみに植村家忠町長も同級生である。七十一歳（二〇一四年三月時）の世代が「雛めぐり」を牽引している。借地契約の期限は二〇一五年三月まであるが、ジャンボ雛を解体して原状回復（足湯などの造作を撤去して畑に戻す）の時間を考えると、今の場所では二〇一四年が最後なのである。必死に新しい場所を探すが、難航している。

中村さんによると、相続のための財産の整理を考えて、こうした農地などを売りに出すケースが増えているという。土佐街道に入り口付

近にあるギネスブックに登録された「空き缶の高取城」も同様な問題を抱える。子供たちは他地域に転出し、高齢の親世代しか住んでいない。耕さない農地を放置しておくわけにはいかないという事情があるのだ。

　それはジャンボ雛を作る人の確保にも影響している。上子島老人会のメンバーは約八十人いて、最初の年は男性約十五人が雛作りに参加した。ところが、二〇一四年の第八回の「午雛」づくりは中村夫妻と八十六歳の弓場寿一さん（二〇一四年三月時）の三人だけになった。病気のために参加できなくなった人が多いのが原因だ。

降りしきる雪の中で竹を編んで制作中のジャンボ雛

弓場さんは、大井聡子が書く「足湯のおじいさん」のことである。三人じゃとても建てられないから、まだまだ「若者」（といっても七十代が中心だが）が頑張る清水谷から応援を得て、ようやく「午雛」が完成した。

　「ジャンボ干支雛」は、メイン会場から土佐街道の坂を八〇〇㍍ほど上ったところにあり、期間中ここまで上ってくる来訪者は少なく、標高五八三㍍の高取城に登るハイカーが立ち寄るケースが多い。それでも、売店では、地元の農家が作った新鮮な野菜や漬物、山で採ってきた仏前用のサカキ、材料から製造まで全部地元産で歯ごたえがある餅、スーパーの仕事をしていた中村さんの「昔取った杵柄」である餃子などを販売し、うどんやぜんざいを提供する。売店の女性たちを含めると、まだ八、九人のメンバーが関わっている。

　売店の評判は良く、毎年、訪ねる客も多い。山や竹やぶ、農地という自然環境に囲まれた「元気広場」では、廃材を燃やして焚き火が尽きないようにしている。その周りに輪になって座り、売店のおばさんや地元の人とおしゃべりしながらうどんをすする。そんな雰囲気の場所である。「ごみごみしていないので気持ち良い。自然がご馳走」とゆったりした気分になるのである。

　中村さんの心配は、上子島のジャンボ干支雛に対してだけではない。「ほかの地区もあと数年で上子島と同じ問題を抱えるようになる」と予測するのだ。高齢者が増えるとともに、次の世代、次の次の世代が、こうした催しを引き継げるのかという不安である。つまり、六十歳で定年を迎えて地域社会に帰ってきた男たちが、中村さん、野村さん世代のようにジャンボ雛を作れるか、あるいは、作る気になるかである。

中村さん世代の子どものころの遊び場は自然そのものであった。遊びといえば、山に入って木や竹を切り、自分で工作し遊び道具を作った。ジャンボ雛も、子どもの頃に培った技術の応用である。ジャンボ雛は、木材で中心となる芯つくり、竹材で形をつくりそれに布や紙を張りつけて塗装をして仕上げる。木材や布などは購入したり無償提供してもらったりするが、竹は「無尽蔵にある」といわれる地元の山々から大量に採ってくる。

竹を工具で縦に八つに割って「小舞竹」状にし、それを組み合わせて形を作るが、意外と難しい。竹は一本一本、しなり方も太さも異なるため、「設計図通り組めばできる」ものではない。竹の持つ「意外性」に対応し工夫して組み合わせる。効率は悪いが、そんな工夫が楽しさを増すのである。ただ、そんな丁寧さが求められる。

中村さんは「おもちゃと言えば買ってくるもの、カネでパソコンを買って遊ぶ、といった感覚の世代の人たちが継げるかだ。そういう人たちは『定年後何をなすべきか』という方向性を見出せないことになりがち。そんな生活感覚では体も頭も弱ってくる」と鋭く指摘する。そうならないために何をすべきかと問うと、「町全体で取り組むこと。例えば、弓場さんみたいな人を町が表彰すれば良い。（表彰状の）紙一枚で済む話でしょう」

弓場さんは材木店で働いていたが、小学校の頃、工作が学校で一番だったそうである。人間国宝（重要無形文化財保持者）や「現代の名工」のような、「ものづくり」という職業一筋で優れた業績を上げたタイプではなく、生活の中で、創意工夫の心や技を身につけ、それを元気の源にしてきた人物である。「こういう人材を上手に活かしていったら、高齢者の病気も減り医療費も助かると思うのですがね」と中村さんはため息をついた。

清水谷のジャンボ雛

土佐街道を壺阪寺に向かって坂道を登っていく。赤阪池というため池を左に見て、下ったところに清水谷という二〇〇戸余りの大字（地区）がある。高取町でも古い町家がたくさん残っている地域である。二〇一四年三月、その一角の空き地にジャンボ雛を見つけた。周囲を竹垣で囲い、雛の背景は金屏風。一対の内裏雛

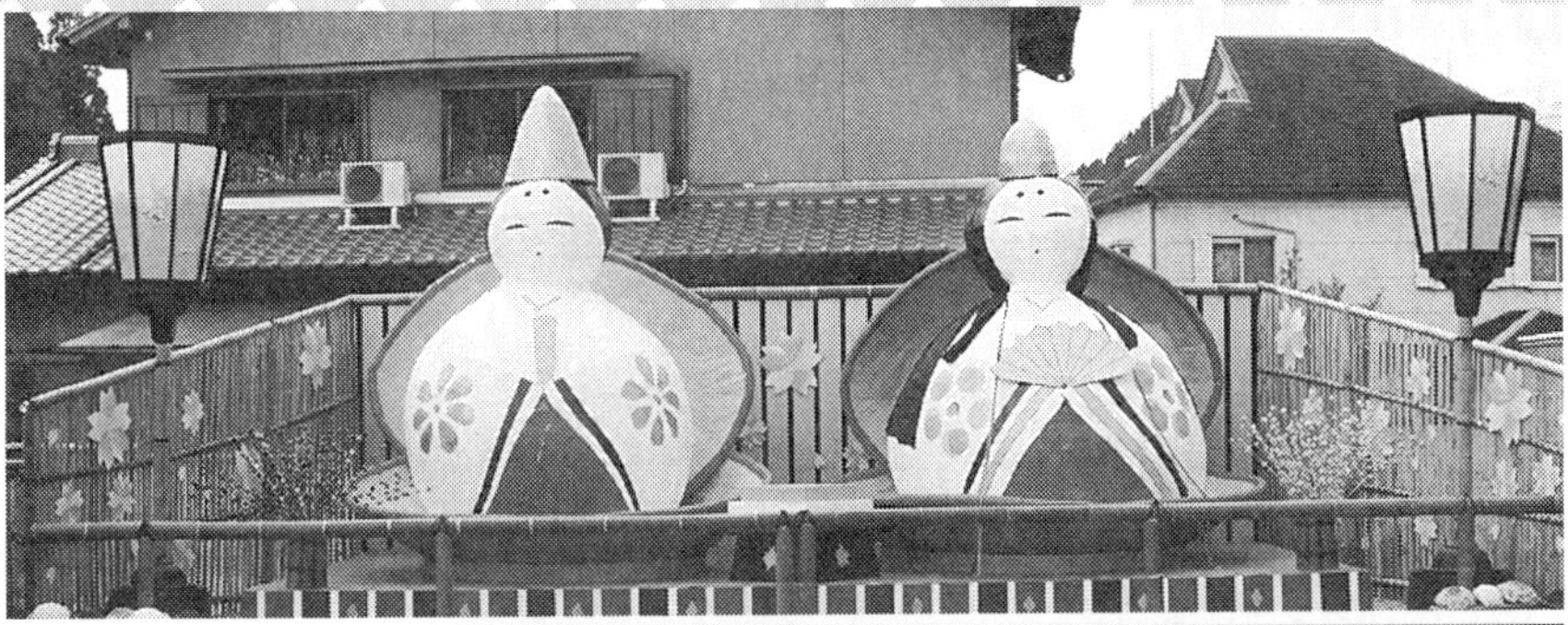

はそれぞれ蓋を開けた大きな貝の中に鎮座している。平安貴族が遊んだという「貝合せ」をモチーフにしたものだ。デザインは、「ふるさと復興協力隊員」の岡本吉弘さんだが、清水谷区の七十歳代を中心とする有志約三十人がその年の一月十日から一ヶ月余りかけて作業し完成させたのである。

よく見ると、ジャンボ雛の後ろ側にある藤本家の真新しい住宅の二階の窓に、金屏風を背にお雛様が餅花や調度品とともに美しく飾られている。振り返ると、真正面の田中家の窓際には、三つの小さな能舞台が設えられ、それぞれ五人囃子、内裏雛、三人官女が飾られていた。両家の品格の高さと「雛めぐり」への意気込みの強さが垣間見える思いである。

清水谷のジャンボ雛は第六回（二〇一二年）から建てられるようになった。二〇一一年四月に清水谷区長に就任した谷口修一さんが、同町の区長会の会合で、野村幸治さんや、天の川実行委のメンバーで当時は上子島区長だった中村秀雄さんから「清水谷にもっと人を呼ぼう」と声をかけられたのがきっかけであった。「雛めぐり」は、土佐街道沿いの全域で開催されているが、壺阪山駅から歩くと二キロ以上もある清水谷を訪れる人は少なかっ

た。

しかし、風格ある古民家が多く、その座敷に工夫を凝らして飾り付けられた雛人形はひときわ見事である。それを来訪客に見てもらうにはどうするべきかと考え、干支をデザインした上子島のジャンボ雛とは一味違ったものをつくろうということになった。地区の中央に都合よく空き地があり、町外に住む所有者の親類が谷口さんの同級生という縁があり無料で借りることができた。材料となる竹は、住民の持ち山の竹やぶから伐り出し、竹を割って骨組みをつくりそこに布を張ることでジャンボ雛をつくることになった。

当時区長だった谷口さんが住民たちに声をかけると、男性の有志だけでなく、尚歯会という老人会のメンバーを中心に女性たちも世話役を買って出た。一日の参加者は十五人くらい。作業が終わって現場のテントの中で雑談をしながら一杯やるのを楽しむのである。上子島の干支のジャンボ雛の制作人が不足していると聞くと、伐り出した竹を持って二日間応援に出かけたりした。

清水谷地区には高生神社という地元の氏神があるが、大字（地区）挙げての行事は二十数年行なっていなかった。それ以前も単発で仮装行列や運動会をしたことがなく、毎年、住民が参加する行事は近年では、ジャンボ雛づくりが初めてだという。

谷口さんは「野村さんから費用は十万円くらいと聞いていた」と言うが、実際は三十五万円くらいかかる。区（自治会）の財政から十五万円を出し、あとは公的団体からの助成金や寄付、祝儀などで賄うのである。二〇一四年に制作したジャンボ雛は、ついに「貰い手」が現れたのである。五條市二見地区の祭りにと五月に運び出され、化粧直しをして「お殿様役」に変身した。

清水谷地区は今でも製薬会社が目立つが、かつては家庭配置薬を生業とした家が多い。今は二軒だけだが、一九六〇年代には一〇〇人近くが「薬売り」をしていた。高取町を中心とする大和平野の南部は、富山に次ぐ拠点である。谷口さんも十八歳から六十三歳まで、主に和歌山県中南部や三重県の東紀州地方で行商をしていた。各地の旅館に泊まりながら自転車の荷台に家庭薬の入った桐箱をくくり付け、民家や事業所を回り、雑談をしながら、家族構成や家人の健康状態を聴きだし、配置すべき薬を勧める。各家庭に薬箱を置いてもらい使った分だけお金を支払ってもらう。それを「得意帳」に記入し、半年後に再び訪問するという商売である。農家などには、奈良特産の大和スイカの種や、当時の良質な稲の品種「畝傍」の籾などをプレゼントしたり、様々な情報を伝えたりして、取引先との信頼関係を築いてきたという。

奈良県内最初のエレベーターといわれる
木造の塔屋は清水谷の近代化遺産である

地元の業界団体「薬友会」の会長などを務めた谷口さんは「薬売りは自己管理が大切」と、同業者に訴え続けてきたという。薬売りは、行動を管理する上司のいない「一人親方」である。日銭が入る生活は、ややもすると誘惑に負けやすく、仕入れに使うべきお金を賭博や女性に使ってしまいかねない。そんな例を谷口さんは「いやというほど」見てきた。「自己管理さえできれば、今でも通用する商売のやり方なのですが」とさびしげに話した。

吊るし雛と乙女座

メイン会場の「雛の里親館」に聳え立つ「天段のお雛さま」のすぐわきに、色とりどりに飾られた「吊るし雛」が飾られている。清水谷地区の〝アラ・エイト〟の女性たち六人でつくる「乙女座」が、二〇一〇年ごろ約一年半かけて約一千点を縫い上げたものである。素材は、古い着物をほどいた正絹の古布で、それを桃の形に切って縫い、綿を詰めて一つが完成し、それに紐を通して吊るしている。吊るし雛は伊豆・稲取温泉が有名だが、「桃の花」型の吊るし雛は高取町独特のものらしい。
メンバーの最高齢は、増本弘子さん、最年少が喜多登美子さん。会長の斉藤晴美さん、石田輝栄さんら残り四人は七十九歳（二〇一四年九月現在）で、みんな元気にさまざまなボランティア活動を続けたり、一緒に旅行に行ったりしている。乙女座という名前も「天の川」にちなみ夜空に浮かぶ黄道十二星座の一つから採ったものである。

乙女座が結成されたのは二〇〇六年。天の川実行委員会から「町民一人ひとりが星のように輝いて町全体を天の川のようにしたい。『天の川計画』という町おこしに協力して欲しい」と声をかけられ、「子供同士が小学校の同級生」などの縁のある女性たちが集まった。二〇〇六年四月と五月の二回開かれた「にぎわい市」で丁稚ようかんを作って売ったのが最初の活動だった。現在は「雛めぐり」のメイン会場の受付を手伝っている。斉藤さんは「私たちの年代では裁縫はだれでもできるので『吊るし雛くらいならできる』と引き受けた。公民館に集まったり、自宅で暇な時間に縫ったりします。お金を一切使っていません」と話す。吉村初子さんを除く五人は町外からお嫁に来た人たちだ。

雛人形の思い出は「子どものころ、おままごとに使ったこと」という。斉藤さんは「お雛様と一緒に飾る市松人形の額に濡布を当てて『お熱が出てましたね』なんてやってしまった。遊び道具にした雛人形はボロボロになり捨ててしまった」と言う。

増本さんの家は毎年、趣向を凝らした雛飾りで知られる。毎年、嫁の泰代さんと新しいデザインを練る。お客さんから「去年はこうでしたね」「また来年を楽しみにしています」と言われ、新デザインを開発する苦しさも半分という。それを上手にカメラに収め、写真を毎年送ってくるアマチュア写真家もいるそうである。

増本さんは「雛めぐりに参加して、清水谷だけでなく町全体とかかわりを持つことができたことが良かった。清水谷の高齢者は一月から三月はみんな張り切って元気になる。ところが、四月になるとみんな疲れてがっくりです」と話す。

コミュニティーガーデン

「雛めぐり」では、土佐街道の最北端から順に最後の壺阪寺まで①番から100番まで番号（二〇一四年）がふられており、「おひなさま展示中」という掲示札がある。これは「在宅です。どうぞお入りください」という意味である。壺阪山駅に近い観覚寺地区で、番号ではなく㊫というマークのある掲示札がかかった古い町家を見つけた。元醤油店の森本家である。店先の土間には七段飾りの立派なお雛様が飾られ、その右側に骨董品の販売コーナーが設えられていた。陶器やガラス、漆器に「一つ三〇〇円」、五枚セットの皿に「一〇〇〇円」、絵皿のセットには「手描き二〇〇〇円」などの値札が付き、中には「寿」と書かれた小鉢や、「日の丸」が描かれた戦前の軍関係の記念品と思われるお皿のセットもある。商売など様々なお付き合いでもらった結婚式の引き出物や贈答品、記念品らしい。安物には見えないし、中には歴史的価値を感じさせる品もあった。

　店番の中年女性が「蔵を整理していたら出てきたので、もったいないから誰かに使ってもらおうと売っています。こんな事情で急遽、出展することになったので番号が付かなかったのです」と言う。森本家には、この女性の父親（81）が車いすに乗りながら独りで住んでおり、近くに住む娘が食事の世話をしている。「おじいさんは、この町のことなら何でも知っている。碁を打ちに電動車いすで六キロも離れた明日香村役場近くまでいく」というから元気なお年寄りらしい。

　「ぜひ裏の庭も見てほしい」と言うので、通り庭を突き抜けて裏庭に出ると、作業着姿の谷口暁さんが庭造りのための道具を持って立っていた。十五年前から私の知り合いである。「こんな所で何をしているのですか?」と聞くと「コミュニティーガーデンを作っている」と言う。広さは約一三〇平方メートル。レンガや庭石で花壇を囲み、水場やベンチ、子ども用のシーソー、東屋風の小屋もある。早春三月のため花は少なかったが、五月に再び訪れると白やオレンジ色、紫など色とりどりの花がいっぱい。

　森本家が留守でも、表通りから路地伝いにこの庭に

入って鑑賞できる「観覚寺コミュニティーガーデン」と名づけている。近所の主婦らが、ガーデンの手入れを引き受ける「きみどり会」という会を結成しているという。「きみどり」とは、希望の「希」、未来の「未」、ドリーム（夢）の「どり」を合わせた命名である。
　ガーデンが完成したのは二〇一四年の「雛めぐり」の直前。元は、納屋や味噌部屋、醸造に使う室《むろ》があったが、老朽化が激しく二〇一三年九月に取り壊した。それでできた空き地を一般公開の庭にしようと、谷口さんに相談したのがきっかけだった。「雛めぐり」も、回を重ねる

清水谷の谷口暁さん方（菜の花館）のコミュニティーガーデンで行われた園芸福祉講座

とリピーターが増えて表通りから脇道に入って来る人が目立つようになった。「この庭を活かし、『雛めぐり』などでこの町を訪れた人たちに鑑賞してほしい」と思ったのである。「骨董品」を販売したのも、「きみどり会」の活動資金を稼ぐためであった。

清水谷地区にある谷口家は⑱「菜の花館」と称し、第五回から「雛めぐり」に参加している。裏庭には、森本家とほぼ同じ面積のコミュニティーガーデンがある。三十五年ほど前、藁葺き屋根の母屋を取り壊し、道路（壺阪道）沿いの門屋（納屋と部屋のある長屋門のような建物）の跡に住宅を新築し、母屋跡の空き地を利用したものである。

谷口さんは一九九九年に、子どもたちの自然体験を企画・実施する任意団体「高取自然学校」を設立。二〇〇〇年には「NPO法人奈良ネイチャーネット」（二〇一〇年に「奈良グリーンサポートネット」に名称変更）を設立し、大和三山の一つ香具山の竹林化を防ぐため竹を伐る活動、さまざまな里山保全活動、食廃油の回収など「バイオマスタウン」を実現する活動を支援する「菜の花・バイオマスプロジェクト」など、「循環型社会」を目指した環境NPO活動を自治体や大学を巻き込んで幅広く行なってきた。

二〇一〇年に特別養護老人ホームに入居していた母親が死去。その後に始めたのが「園芸福祉」である。「植物が芽を出し、成長し、花を咲かせ、種をつけ、枯れ、再び芽を出すという自然の循環が人に本質的な癒し効果を与える」という考え方により、福祉施設や病院、地域社会などでケアとしての園芸作業が取り入れられている。

ネイチャーネットは、奈良県の委託により県内九ヶ所で園芸福祉を生かした介護予防の活動や、「福祉に生かす園芸講座」を開いている。また、「福祉職員・園芸福祉ボランティアのための　福祉の現場で使える　園芸アクティビティ20」という冊子も発行している。

野村さんの活動は住民主導の「地元密着型」なのに対し、谷口さんの活動は全県的という性格の違いがある。「雛めぐり」に参加したきっかけは、園芸福祉活動を始める前に受講した約三ヶ月間の「介護ヘルパー二級講座」で福祉ボランティアや介護施設職員の女性たちに出会ったからである。彼女らは、「雛めぐり」を知っていて「みんなで行きたい」と言われ、「三月にふさわしい花を植えてみんなに見てもらおう」と、二〇一一年から谷口家のお雛様とともに自宅裏のコミュニティーガーデンを開放したのである。

ふるさと復興協力隊

「縁の下の力持ち」というのは、この人のことだろう。「ふるさと復興協力隊員」の岡本吉弘さんである。グラフィック・デザイナーとして、「町家の雛めぐり」では、毎年、「天壇の雛」のあるメイン会場「雛の里親館」を飾る「虫愛ずる姫君」（第四回）などのジオラマ、三つの「ジャンボ雛」のデザイン、チラシ、ポスター、パンフレット、看板などのほとんどを制作している。御所市出身で、「この町の静かな佇まいが好きだったから」と約十年前に高取町に移り住み、近鉄壺阪山駅から土佐街道に向かう道沿いで「だんご心」という飲食店を家族が経営している。

デザインの専門学校を卒業後は、大阪のデザイン事務所を渡り歩いた。デザインの仕事は若手を含めたチームでするのがふつうで、五十歳代になると、管理職にならないかぎり生活が成り立たない。岡本さんは、管理職になる道を歩まず、「厚生年金をもらうまでアルバイトで過ごそう。高取は生活環境がよいから悠々自適ができるはず」と考えた。

そんな時応募したのが、野村さんらが結成したNPO法人「住民の力」からの職員募集であった。NPO法人も、国の失業対策の「ふるさと雇用」による助成金をもらって三年間という期限で人を雇うことができる制度であり、雇用された人は、地域の生活環境を整備する草刈

りなどの仕事に従事するものである。二〇〇八年四月に雇われた四人のうちの一人が岡本さんだったが、当初は日曜大工的な作業だろうと思っていたという。

　しかし、デザインの仕事は、需要が多い大都市が中心であり、そこから周辺に離れれば離れるほど少なくなる。「大阪から羽曳野くらいまではあるが、奈良県に入ると極端に減る。吉野には工芸デザインの職人はいるが、企画、宣伝、広報にかかわるタイプのデザイナーはほとんどいない」のだそうである。それゆえ気軽に（かつタダで）使えるデザイナーは地元にとって重宝な存在なのである。

　岡本さんが本格参戦したのは二〇一〇年の「虫愛ずる姫君」からである。その翌年の二〇一一年から上子島老人会による「ジャンボ雛」の制作が始まるとそのデザインも担当する。二〇一二年には清水谷地区、二〇一四年には、岡本さんが住む観覚寺地区では有志七人がジャンボ雛を作るようになった。これらのデザインも岡本さんが引き受ける。前年十一月中にデザインを決め十二月に制作プランを立て、資材を購入する。一月中旬に作業を開始して二月中旬に完成という具合だ。

　ジャンボ雛一対の制作費は十八万円くらい。二回目からは木材などが再利用できるため十万円前後である。材料の竹は、地元の山の竹やぶに無尽蔵にあるが、中心となる木材や布などは制作主体の老人会や自治会が費用を負担する。上子島では、会場で農産物や農産加工品を販売して費用を賄っている。

　清水谷地区では年々デザインが進化している。「三回目だから手の込んだものにしよう」と二〇一四年は「貝合わせ」という平安時代の貴族の遊びからヒントを得たものになった。ところが、竹はなかなか思い通りの形になってくれない。それをたびたび修正する必要があるため、この時期の岡本さんは他の仕事の合間を見て三ヶ所のジャンボ雛に行ったり来たりする毎日が続く。

　岡本さんの「ふるさと雇用」の期限は二〇一二年三月に切れている。二〇一五年三月までは、高取町のただ一人の「ふるさと復興協力隊」として雇用されている。二〇一一年九月の紀伊半島水害を機に設けられた地域支援員であるが、それによる収入は、厚生年金と合わせても月二十万円に届かない。家族は六人と生活は厳しいが、仕事にはやりがいを感じる。

岡本さんは「この町に大阪風、東京風のデザインを持ち込んでも似合いません。高取は高取風がいい。山の自然と田畑、町並み、山城（高取城）、数多くの古墳といった要素に、大都会風の幾何学的なデザインは合わない。住民のお年寄りたちによる手作り感豊かな雰囲気がいいんです」と話している。

天の川実行委員会

「町家の雛めぐり」を主催する「天の川実行委員会」はメンバー十人（活動に参加しない監事一人を含む）の少数精鋭である。「雛めぐり」は、一ヶ月間に延べ六三〇〇人（二〇一四年三月）のボランティアが活動するが、「実行委がそれぞれ個別に参加をお願いしている」（野村幸治代表）という。同志五人で結成したのは二〇〇六年一月。当初は「高取土佐街なみ天の川計画実

天の川実行委員会で活動するメンバー
前列左から新田千鶴子さん、野村幸治さん、美千子さん夫妻、増本泰代さん
後列は左から中川圭史さん、大仲孝一さん、南　寛顕さん、池口満生さん、芳谷正久さん

行委員会」という長たらしい名前であった。「土佐街道」を「天の川」に見立て、日本三大山城の一つ高取城や西国三十三カ所霊場六番札所壺阪寺につながる土佐街道沿いの城下町やその周辺に住む人たち一人一人が天の川のように煌めく星の集まりのような町をつくる計画を実行するという意味である。いつしか、それを略した「天の川実行委員会」(以下は「天の川」と略す)が正式名称になった。メンバーが亡くなったり、他の地域活動に専念するようになったりで入れ替わっているが、現在は男性七人女性三人。五十歳代から七十歳代までいるが、定年などでサラリーマンを辞めた六十歳代が中心だ。

池口満生さんは、高取町から大阪に通勤するサラリーマンだった。定年後の二〇一二年七月から、ギネス認定の「空き缶の高取城」づくりを手伝うようになり、「天の川」の野村美千子さんに声をかけられ、無償ボランティアとして参加するようになった。「ジャンボ雛」のデザインやポスターを描く岡本吉弘さんも「ふるさと復興協力隊員」だが、池口さんも二〇一四年六月から野村美千子さんの後を継いで同隊員となった。給料は額面月十二万七千円、手取りは十万円ほどである。週五日朝八時半から午後五時十五分までが勤務時間で、イベントに絡む造作、展示物のペンキ塗りなど雑務一般が仕事である。

「天の川」に参加した動機は、退職後、「高取の街中で人に会うと名前と顔が一致しない」という経験をしたからであった。兄や姉の同級生は、私のことを知っていて声をかけてくるが、「だれかわからないから下を向いて逃げるようにしていた。それがいやだから、空き缶の城づくりに加わり、顔つなぎをしようと思った」と話す。

中川圭史さんは、土佐街道沿いにあった呉服店を兄とともに営んできた。元は銀行員だったが、着物が飛ぶように売れた高度成長時代の一九七二年から店の外商を担

秋の「案山子めぐり」の準備中の池口満生さん

当し、同時に地元のボーイスカウトを指導してきた。外商は土日曜が忙しく、子供たちの活動に参加しにくいため、専ら会計係だったという。しかし、「嫁入り道具といえばお着物」という時代は過ぎ去り呉服は次第に売れなくなり、約五年前に店を閉めた。

そんな時に、政府の景気対策・失業対策としての「緊急雇用」が始まった。ふつうの会社ではないNPO法人などの活動でも政府の補助金で人が雇えるというもの。「天の川」は二〇〇八年一月、法人格を持つことで補助金の受け皿となるNPO法人「住民の力」を立ち上げて、岡本吉弘さんら最大で四人を雇用した。これが活動を大いに支えたのは確かである。中川さんも二〇〇九年度から二〇一一年度までの三年間、この緊急雇用で活動をしてきた。それ以後は、ヘルパー二級の資格をとり、高齢者の病院への送迎や院内介護の仕事をしながら、「天の川」の活動に参加している。

むろん無償で活動する人もいる。大仲孝一さんは六十五歳まではサラリーマン。「町家の雛めぐり」二年目から「天の川」のメンバーになった。大阪生まれだが、太平洋戦争当時の幼い頃に、高取町の母親の実家に疎開してきてそのまま居ついた。隣の明日香村でも国営公園の「里山づくり」を手伝っており、いわばボランティアの掛け持ちである。明日香、高取、ゴルフ、そして家庭菜園での畑仕事の四つをこなす毎日である。「退職して何かをせなあかんという気持ちです。人とかかわることも大切ですが、一人でこなす畑仕事では気が休まります」と話す。

南寛顕さんは大阪市営地下鉄の電気関係の元技術職員である。「病気で手術も受けたが、いろんな人と出会い、話をするのが何よりの健康法だ。歳を増すほど外出するのが良い」と健康へのプラス効果を強調する。「雛めぐり」では、助っ人のボランティアを集めるという面倒な仕事をしているが、「声をかけるとみんな快く引き受けてくれるし、他府県から来たお客さん（来訪者）が喜んでくれるのが楽しくてしょうがない」。

案山子めぐりの一場面

副代表の芳谷正久さんは吉野町出身で高取町生まれではない。関西電力社員として主に県内で勤務してきたが、「農業もしたい」という動機で知人の紹介で、高取町与楽に田畑付きの住宅を三十年余り前に購入し、「休日農業」を楽しんできた。関電を五十五歳で退職し、県の職業訓練校で一年間かけて大工の技能を身につけた。「雛めぐり」のメイン会場「雛の里親館」に全国から集めた約五〇〇体の雛人形を十五段に飾った「天壇の雛」も芳谷さんの手によるものである。「天の川」のあだ名は「棟梁」である。「天の川」のメンバーが提案するアイデアを現実的な「形」にするのも芳谷さんである。

野村幸治代表の妻の美千子さんも「よそ者」である。富山県出身。幸治さんが富山支店にいたころに知り合い、東京から大阪への転勤に伴い、「高取はいいところ」という夫を信じてこの町に来た。最初は町の人は誰も知らない。夫の単身赴任中も高取の家を守ってきたが、そこで住民に馴染もうと参加したのが、高取町のリベルテホールのステージ・オペレーター・クラブだった。つまり文化ホールを運営する「裏方ボランティア」である。

こうしたクラブは全国各地にあるという。二十世紀後期のバブル経済の崩壊前など「内需拡大」の掛け声がとびかい、公共事業が華やかなりし頃に全国の自治体は競ってハコモノ建設に走ったからである。ところが、音楽会や演劇公演を招いても集客が見込めない。一般市民つまり素人、アマチュアの音楽会や演劇公演、または誰か講師を呼んで講演会などを企画しても、舞台装置、音響、照明の操作をプロに頼めば、高額な料金が必要だから開けないといった現象が起きた。「三位一体改革」で地方財政が苦しくなると、維持運営費が確保できず閉鎖する自治体も多くなった。高取町もそんな財政難に陥った自治体の一つである。同クラブは素人なりに舞台装置、音響、照明などの操作技術を学んで、リベルテホールを活用し地域の活性化につなげたいという住民の思いから発足している。

他に、増本家のお嫁さんで「家々の雛物語」で紹介した増本泰代さんと野村幸治さんの姪で、斑鳩の隣の安堵町に住む新田千鶴子さんがメンバー。新田さんは、短大で栄養士の資格を取り、松下電器（現パナソニック）では電子レンジを使った調理開発に携わる。二〇一三年三月の雛めぐりでは、その経験を活かして天の川実行委員会のコロッケ売りをボランティアで手伝ったのを機に入会。中学時代の美術部の経験を活かして、秋の「案山子めぐり」や雛めぐりのメイン会場の飾り付けをしている。

「天の川」のいちばんの悩みは後継者である。定年延長で六十五歳まで働く人が増える傾向にあり、定年退職者で活動に参加する人が減ること。もう一つは、独り暮らしが増えることが心配である。雛人形を飾っても、留守の時は閉めてもいいルールであるが、一人きりだと来訪者との応対と家事が両立しにくいと思われがちなことである。

それでも、若いお嫁さんが「やりたい」と言っている町家があり、土佐街道から国道一六九号をはさんで西の新興住宅地グリーンタウンの住民からボランティアに加わる人も出始めていることに期待している。「天の川」では「交流が盛んになれば、将来、土佐街道の空き家の町家に移り住もうという人も出てくるかもしれない」と目論んでいる。

収支計算

「町家の雛めぐり」は高取町にどのような効果を及ぼしたのかを数字から探ってみよう。そもそも地域活性化を目的に始まったイベントであり、天の川実行委員会は、その「費用対効果」を計測している。来訪者数は、メイン会場の「雛の里親館」に来訪した人の数でカウントし、「経済効果」は、同会場で書いてもらった来訪者アンケートにある「お食事やお土産に幾らくらい使われましたか（予定も含めて）」の回答から推測したものである。「雛の里親館」に立ち寄らない来訪者もいるし、アンケートに答えたのはその一％程度に過ぎないから正確とはいえないが、全体の傾向は見えてくる。

第一回から第八回までの三月一ヶ月間の来訪客数と参加住民ボランティアの延べ人数、「経済効果」をグラフにしてみると次の図の通りである。人形を飾る家の数が九十軒に達した第四回（二〇一〇年）が四九、一〇〇人と来客数がピークに達し、「経済効果」は第六回（二〇一二年）の七、七〇〇万円がピークだが、天候などに左右されてはいるが、来客数は四万数千人、経済効果は七千万円前後とほぼ横ばいに推移している。

ただ、注目すべきは参加住民ボランティアの延べ人数である。雛人形を飾っている家の人も含んだ数だが、こちらは年々増加傾向にある。第四回（二〇一〇年）で約四千人だったのが、第六回で五千人を超え、第八回は六三七五人に達した。たとえば、住民参加で創作したジャンボ雛は第五回（二〇一一年）の上子島地区で始まったが、翌第六回（二〇一二年）には清水谷地区で、第八回（二〇一四年）には観覚寺地区でも作られ、計三ヶ所でほとんど高齢者の延べ七〇〇人が制作に参加している。高齢者の外出を促し家族以外との交流を増やすことが高齢者の健康づくりになる、という実践をまさにここで行なっているのである。

一方、来訪客アンケートの結果をみると、男性の比率は一五〜二九％、五十歳以上の来訪者の比率も概ね八〇％台付近で上下していることがわかるが、再度来訪したという「リピーター」と県外からの来訪者の増加傾向ははっきり読み取れる。例えば、二回目以上来訪していると答えた人は第二回（二〇〇八年）が一五％だったのに対し、第六回では三三％、第七回四二％、第八回四〇％に達した。大阪・東京など県外からの来訪者も第二回が一八％だったのが、第五回四二％、第六回四六％、第七回三九％、第八回四四％という具合だ。県外から何度も訪れたという人が多くいると言えそうである。

「町家の雛めぐり」の運営にかかる決算も毎年、大幅な黒字である。第二回は五十七万円、第四回で十六万円

来訪客数及び経済効果等の推移

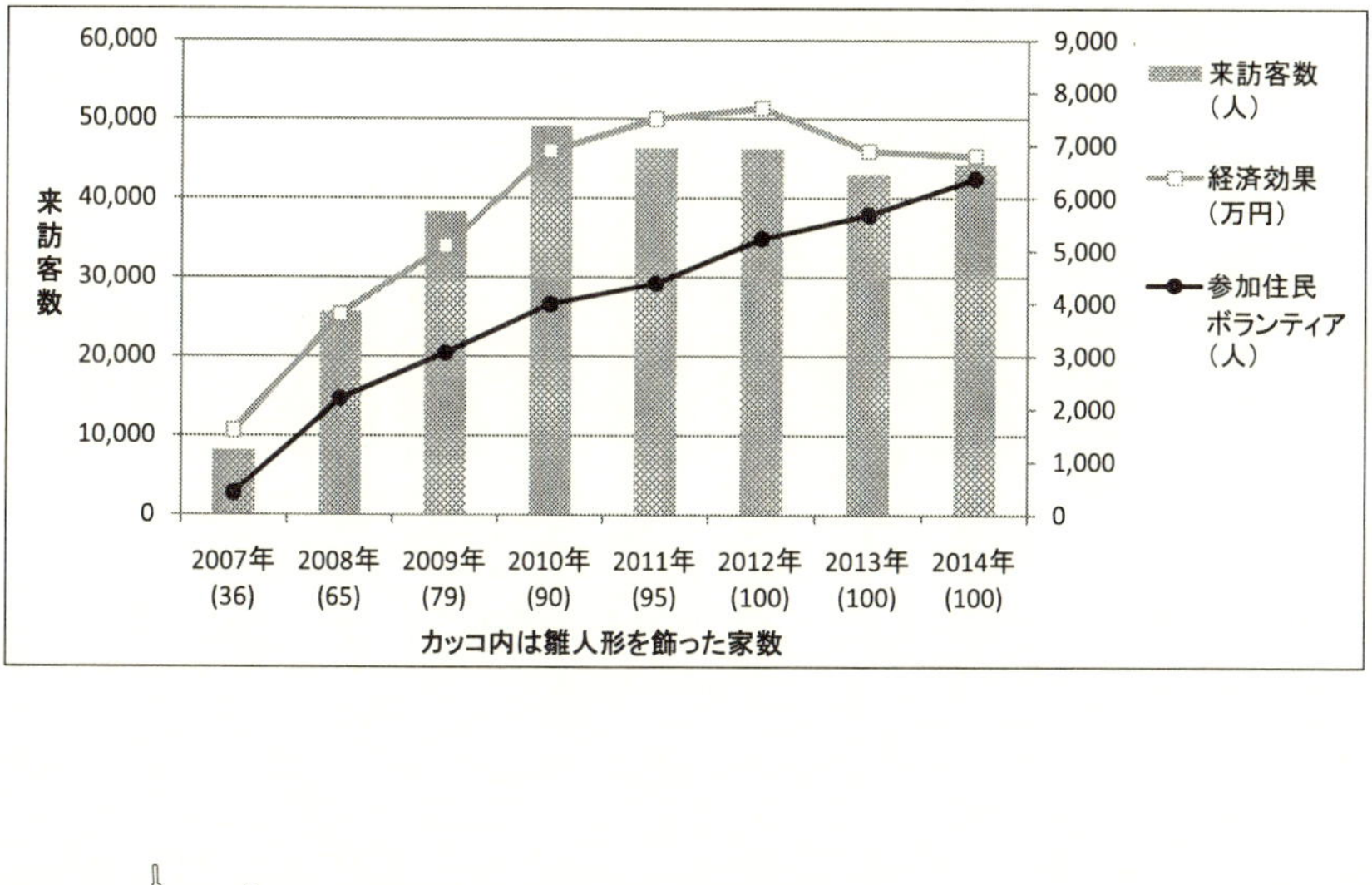

に減ったが、その後順調に黒字を伸ばしている。第七回（二〇一三年）では九十九万円の黒字、第八回では高取町役場からの助成金三十万円を入れて一一五万円の黒字である。黒字と言っても、秋に一ヶ月間開く「町家の案山子めぐり」などは赤字なのでその穴埋めや年間の運営経費などに使われるという。

第八回の決算を見てみよう。収入は計二六二万円。内訳は、「雛めぐりMAP」の協賛金六十五件八十二万円、寄付金十四件六十四万二千円。地元の製薬会社や医療機関、商店、個人のほかに橿原市や吉野町など周辺地域の事業所からのものも目立つ。町の助成金が三十万円。それに対し来訪客のカンパ四六万七一三六円、屋台等の出店協力金や「雛せんべい」などお土産品の販売手数料などの「雛めぐり」の事業で直接稼ぎ出した収入が三九万一六一八円という具合である。来訪客のカンパは、第三回から第六回まで六十万円以上もあったのが、第七回、第八回は四十万円台に減少している。

これは、「雛の里親館」で説明役を務め、「天の川」の副代表でもあった榊本吉美さん（享年七十六歳）が二〇一二年に急死した影響が大きい。「雛めぐり」では軽妙な話芸で「江戸風は男雛が向かって左、京雛は向かって左は女雛」などと「天段の雛」や毎年テーマを決めて展示するジオラマなどについて冗談を交えながら説明し、来訪客の笑いを誘い、それに乗せられるようにカンパ箱にお金を入れる人も多かった。

ところが、二〇一二年七月、「天の川」の会合から帰宅した十五分後、「背中が痛い」と言ったまま帰らぬ人になった。死因は解離性大動脈瘤破裂。住宅販売業のかたわら地元のボーイスカウトの団長を務め、榊本さんに誘われて「天の川」のボランティア活動に参加したという人も多い。「天の川」以外にも高取町観光ボランティアガイドの会会長、高取町観光協会副会長、農産物を加工する「ふれあい加工部」会員と一年中ボランティア活動にまい進していた。

一方、支出は一四六万七七五〇円。雛を飾る材料費などが二二万三七八二円、雛めぐりの開催を告知するため地域紙などに掲載する広告料三十万円、MAPなどの印刷代一三万四一一〇円だが、とくに目立つのは、ボランティアなどの運営協力者の弁当代四七万四二一九円である。地元の仕出し弁当店に発注する一つ五〇〇円の弁当だが、この経費は、第三回の計約二十万円から、ボランティアの増加に伴い、年々増えている。食事の提供はボランティアへの参加意欲に直結しているようだ。弁当店は、観光バスでやってくる県外からの来訪客には一人前で一千円以上の弁当を提供している。これも経済効果の一つである。

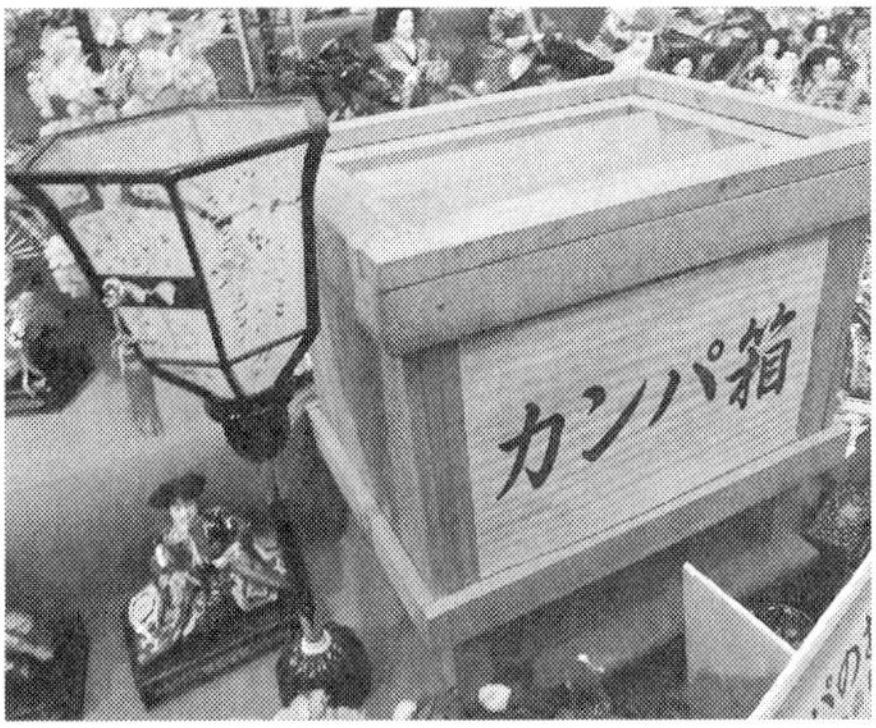

差し引き一一五万三〇〇四円の黒字である。ジャンボ雛などは地元の大字（地区）の自治会や老人会が独立採算で運営しているが、高齢者の社会参加がもたらす効果は、お金の計算だけでは計れない部分が大きい。

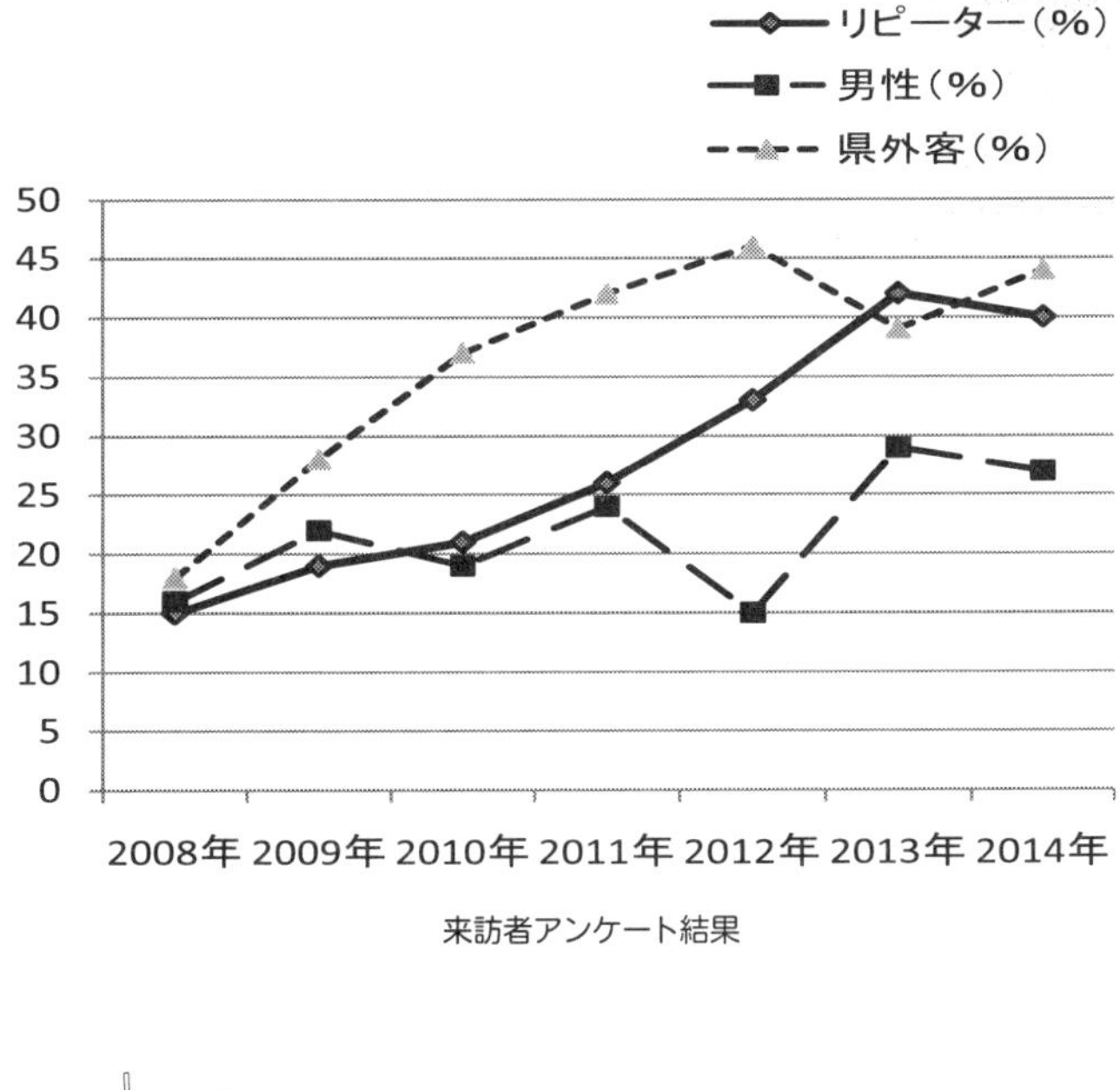

来訪者アンケート結果

証券マンが故郷に帰ったら

「町家の雛めぐり」を主催する天の川実行委員会代表、野村幸治は業界最大手の野村證券の大阪支店（母店）営業総務部長、系列会社の丸八証券（名古屋）専務取締役にまで上り詰めた元証券マンである。エリートではない。高取町で生まれ育ち、県立奈良商工高校を一九六一年に卒業し入社した「たたき上げ」である。しかし、六十歳になって会社ときっぱり縁を切り、故郷でまちづくりの活動を始めたのである。

野村は事あるごとに「僕らは大変恵まれた世代。年金で飯を食っていけるのは僕らまで。寂れていく故郷に死ぬまで恩返ししなければならない」と話す。日本の経済的な優位性が崩れ始めた中で、大企業の退職者という安定した老後を暮らせる立場の者は、社会に貢献する義務があるという思いからである。「大都会に住んで、毎週ゴルフに行ったり、海外旅行を楽しんだりに明け暮れている同世代が多いが、故郷に帰って、好きなことでも良いから、地域の再生に取り組んでほしい」と呼びかけているのだ。

野村によると、野村證券の経営部門は営業と管理に大きく分けられる。野村自身は、営業の経験はなく、大阪、富山、鹿児島、東京、名古屋など支店・本店計十五ヵ所を転勤しながら専ら管理部門で働いてきた。管理部門は証券会社にとって重要である。証券会社の業務は、顧客のお金を預かり運用するのが仕事。無理に突っ走って顧客に損害を与えるおそれも、お金を扱うため「つかいこみ」の誘惑もある。野村證券は、こうしたトラブルを防止するための監視と内部牽制の仕組みとして、管理部門を重視してきた。野村の入社時は高卒が約三〇〇人。野村は「大卒との差別も学閥もないし、縄張り争いもなく、仕事も自由にさせてもらった」と会社に感謝する。

そんな社内環境の中、野村は「みんな課長くらいにはなれるが、私はせめて部長にはなりたい」と頑張った。そんな一面が、浜松支店でのエピソードに表れている。

当時、売り出し中の金融商品と言えば「中期国債」であった。株式や投資信託といった変動性金融商品と比べて利回りは確定しているが、会社の取扱収益は低い「もうからない商品」。証券会社の顧客は、主に高所得の中堅企業経営者や開業医であるが、中期国債は、確実性を重んじる一般市民層に売り込む必要があった。株式取引の顧客の幅を広げるためにも必要な戦略でもあったが、営業部門は売り込みに苦戦していた。

当時のライバルは銀行である。そこで野村は、銀行預金と中期国債の利率の違いを示したチラシを新聞に折り込むことにした。効果はてきめん、広告を蒔いた週明けから「買いたい」という電話が殺到した。こんな企画力が評価されたのか、東京本部や大阪支店の部長職を歴任することになる。

しかし、仕事は常に緊張状態に置かれていた。もし株式の暴落が起きれば顧客とのトラブルも増える。不祥事が起きないよう、常に警戒していなければならないからだ。系列会社の役員になった後は「株主代表訴訟が怖かった。問題が起こらないよう、恐怖心にかられて、本来は休みの土曜も出社していた」と話す。

系列会社に居れば七十歳位まで働けたのだが、丸八証券常勤監査役を最後に二〇〇二年六月、六十歳で会社を辞めた。その日、責任の重さから解放され、「パァーと青空が開けた清々しい感じ」で単身赴任先の名古屋から妻子の待つ高取に帰ってきた。

一年間、郷土の歴史の勉強をして、翌二〇〇三年八月に「高取町観光ボランティアガイドの会」を創設し事務局長になった。同ガイドの会のメンバーは現在二十五人。学習会や勉強会はほとんどやらない。「素の自分、今の自分をさらけ出した方がよい。検定などで学習した知識を教えても来訪者は喜ばない」という見方からである。古墳が多く築かれ、渡来系豪族の拠点だった古代、山城が築かれた中世、譜代大名の城下町となり文楽や歌舞伎の「壺坂観音霊験記」の舞台となった近世、薬の生

来訪者に高取町をアピールする野村幸治

産と行商の近代へと連続し多岐にわたる歴史のある高取では、生半可な知識では通用しない。むしろ、来訪者の方が詳しいことが多い。

野村は、住民の主体性を重視する。証券マン時代に会社に不祥事が相次ぎ、役員が訓示で引用したケネディ大統領の演説「国があなたたちに何ができるかではなく、国のために何ができるのかを問うべきである」に、「良いことを言うなあ」と思ったという。「行動する市民たれ」というこの言葉を実行に移し、「町役場に頼らず、住民主体でまちづくりに取り組む」という原則を打ち立てたのである。当時の高取町は、開発計画の失敗で危機的な財政状態となり、加えて不祥事が相次いでいた。二〇〇八年には当時の町長が横領罪で逮捕、有罪に至っている。町からの補助金をあてにできる状態でもなかった。

もう一つは「協議会を作らない」である。地域の活性化に取り組む時はふつう、商工会や自治会、農協、観光協会、老人クラブといった各種団体で協議会を構成し、全町態勢で取り組むことが多い。しかし、協議会の委員は各団体の長が就くことが多く、彼らは実働部隊ではない。会議を開いてもなかなか先に進まない。そこで、少人数の有志で実行委員会を立ち上げ、必要とあれば個別にそれぞれの団体にお願いをする。例えば老人会には「餅花づくり」を頼むなどの方法にした。それが、二〇〇六年一月に仲間五人で立ち上げた「高取土佐街なみ天の川計画実行委員会」、現在の「天の川実行委員会」である。二〇〇八年一月には、活動資金の受け皿となる「NPO法人住民の力」を発足させた。

一生懸命取り組んでいれば、心ある市民が応援する。町内有数の旧家で、夫妻とも音楽家という吉井家がそれである。所有する駐車場や空き家を無償提供してもらい、空き店舗は、一階が食堂で二階を「ギャラリー輝」に改装した。ギャラリーは出展希望者が多く、手工芸などの展示会の予定が二年先まで詰まっている。

「組織自体には何の価値もない。成果に価値がある」という野村の哲学は、他の地域の町おこしに取り組む人たちにも注目されている。二〇〇九年には、総務省主催の「地域経営塾」の学識経験者講師「地域経営の達人」に野村が選ばれ、日本居住福祉学会は「天の川実行委員会」に対し「居住福祉資源認定証」を贈っている。

「天の川」が最初に取り組んだのが、地元の野菜などの特産品を売る「にぎわい市」であった。二〇〇六年

四、五、六月の三か月にわたり、月一日ずつ開き、毎回七〇〇人近い客を集めた。明日香村にある飛鳥時代の壁画で有名な「キトラ古墳」の最寄駅は「高取町の近鉄壺阪山駅である」ということをアピールするねらいもあった。しかし、「一日だけのイベントでは町に賑わいを取り戻すことはできない」という思いも募る。毎年十一月二十三日に開く「たかとり城まつり」には客が集まるが、ふだんは、日本三大山城の一つ、高取城に登るハイカーが通るくらいの寂しさである。

そんな時、商店などに雛人形を展示する「ひなまつり」が載っている日経新聞の記事が目にとまった。新潟県村上市など、高取と同様に古い町並みが残る各地の都市で開かれ、高年層を中心とした観光客を集めていた。ただ高取町はかつて商店が立ち並んだ土佐街道には今や、商店がほとんど無くなっており、開催のための資金も無い。

「商店が少ないのなら個人の家に頼もう」と、妻の美千子さんらが知人に声をかけた。最初に承諾したのが清水谷の増本家（増本弘子さん宅）であった。手入れの行き届いた町家の和の空間に、お嫁さんとお姑さんが第一回から力を合わせて毎年、芸術作品のように、雛人形や

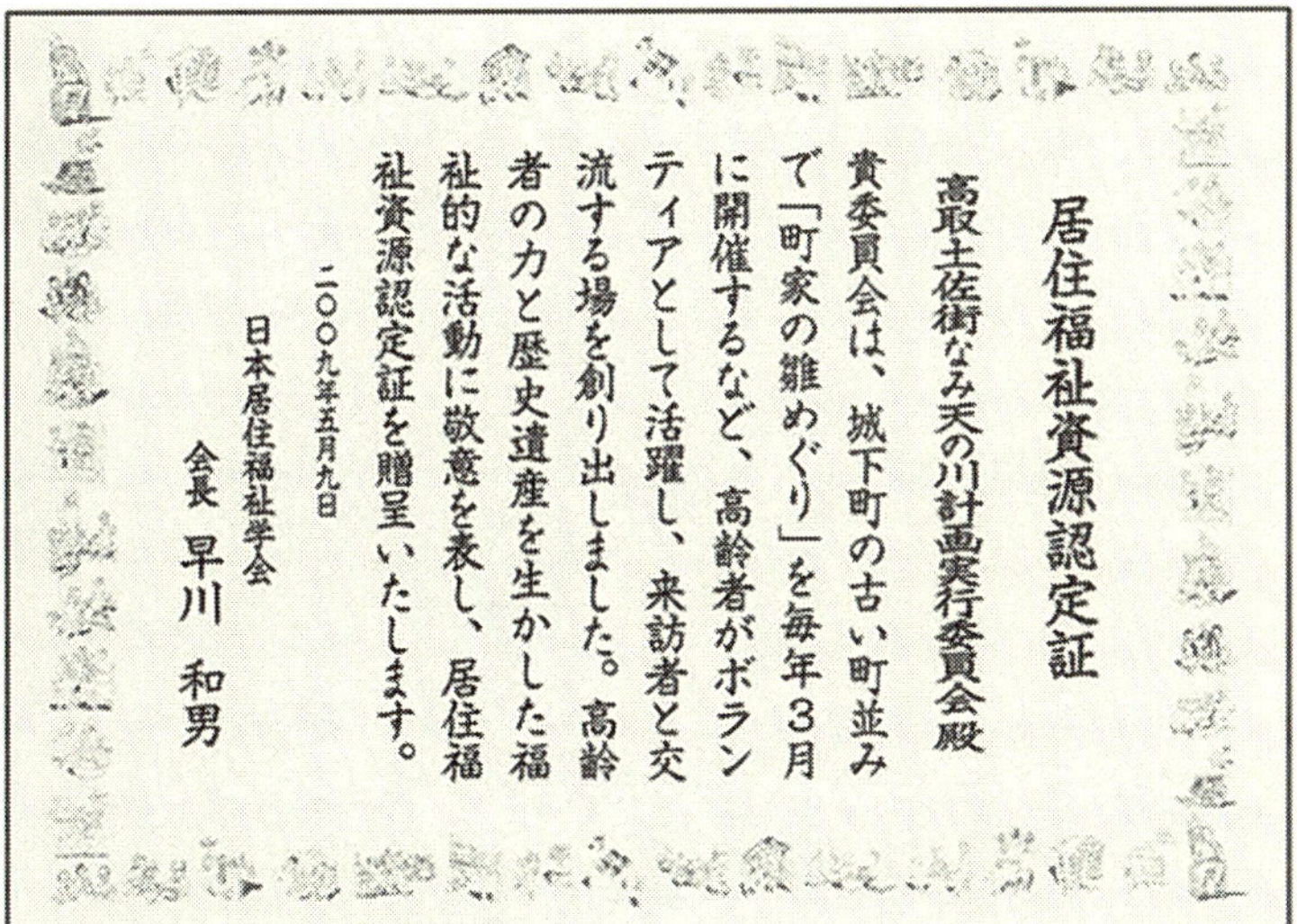
居住福祉資源認定証

高取土佐街なみ天の川計画実行委員会殿

貴委員会は、城下町の古い町並みで「町家の雛めぐり」を毎年3月に開催するなど、高齢者がボランティアとして活躍し、来訪者と交流する場を創り出しました。高齢者の力と歴史遺産を生かした福祉的な活動に敬意を表し、居住福祉資源認定証を贈呈いたします。

二〇〇九年五月九日

日本居住福祉学会

会長　早川　和男

所蔵の伝統工芸品などを飾る家である。美千子さんや増本家の嫁の泰代さんが声掛けをした結果、第一回は三十六軒が参加した。

「お金をかけずに高取の特徴を出そう」と考えた時ひらめいたのが、歌手森昌子の「ありがとう～雛ものがたり～」であった。石原信一作詞、篠原義彦（円広志）作曲の歌詞は「今年の春の雛人形は／も少し飾っておきましょう／『お嫁に行く日が遠くなるよ』と／母の小言が聞きたくて／すみません　恋をしました……」。森昌子が一度引退した一九八六年八月に歌った引退記念四部作の一つである。

退職後の野村は、森昌子さんの澄みわたった歌声が気に入り、CDを買ったり一時は「おっかけ」をしたり、「森昌子レコードジャケット展」を高取観光案内所「夢創舘」で開いたりした。知り合ったファンクラブの人たちから、CDやビデオ、DVDが次々と贈られ、その中に「雛ものがたり」もあったのである。

「雛人形や雛祭りにまつわる家族の物語、エピソードを書いて展示してはどうだろうか」と考え、「隗より始めよ」と、手本として美千子さんが野村家の雛物語を書いた。娘が生まれた時、富山の美千子さんの実家から都会暮らしで家が手狭だろうと「童人形」が贈られてきたが、娘が十歳くらいになった時に段飾りの雛人形をイメージしていた娘は「こんなの雛人形じゃない」とダダをこねた。あわててバーゲンセールで売っていた雛人形を買ってきた、というよくあるパターンである。しかし、家族の様々な歴史やエピソードが綴られている雛物語は、訪れた人たちの感動を呼んだ。

高取の「町家の雛めぐり」は、文化財級の「旧家にある立派なお雛様」だけではなく、「雛人形の向こうにいる人の暮らし、人生をも見てお互いに心を通わせる」。こういった経緯で特色のあるひなまつりになったのである。

第七章　研究者が見た高取町・土佐街道と雛めぐり

奈良女子大学OGの三人の住居学者は、歴史的な町並みと生活文化が遺されている高取町の土佐街道を研究対象に選び、計三本の学術的な調査研究結果を報告している。

●二〇一一年三月、藤平眞紀子・奈良女子大学生活環境学部准教授（現在＝以下同じ）、村田順子・和歌山大学教育学部教授、田中智子・兵庫県立大学環境人間学部教授「高取町土佐街道の伝統的木造住宅における住まい方と維持管理に関する調査」

●二〇一二年三月、村田、田中、藤平「この町に住み続けるための住民調査報告書」

●二〇一三年四月、村田、田中、藤平「まちづくり活動に関する調査報告書」

以上の三点である。これらを中心に調査研究の概要をまとめてもらった。

一、高取の魅力

～伝統的木造住宅における住まいの手入れの調査から～

奈良女子大学生活環境学部准教授　藤平　眞紀子

私が高取土佐街道を始めて訪れたのは、町おこしの活動が行われ始めた頃だ。とても自然な感じで町に入っていくことができ、凛と建ち並ぶ伝統的な木造住宅にすっかり魅せられてしまった。この町並みはどのように現在に至り、今後どのようになっていくのだろう。住み手の方々にお話をきく機会を得て、使い続けられている住宅の魅力に触れてみた。

（一）日頃の手入れ

住まいの日頃の手入れについて、住み手は特別なことはしていないと言う。風を通し、建具などを丁寧に使う暮らしは日常的。座敷箒やハタキが座敷横の廊下や廊下奥の物入れに掛けられていた（写真1）。身近なところに手軽に使える用具を整え、気がついた時にすぐに対応できる暮らし方がみられた。雑巾がけには色々な思いが詰まっているが、重ねられた経験により今では生活の一部となっているようだ。一方で、掃除機の普及とともに掃除機中心の掃除方法に変わってきているところもある。

また、建具の入替えを通じて、四季の移ろいを感じる生活が営まれていた。梅雨入りの少し前、六月初旬に、夏のしつらえとして障子をよしず（葦簀）障子に入替え（写真1）、床には藤畳（藤莚）を敷いて、通風を良くして暑さ対策をしていた。そして秋祭り頃、九月下旬から十月上旬に、冬のしつらえとしてよしず障子を冬用障子に入替え、藤畳をあげていた。しかし近頃は、建具の入替えはあまり行われていない。通気性の良いよしず障子はエアコンの効率を下げてしまうから、また、同居家族の減少や住み手の高齢化により建具の入替えに必要な人手がそろいにくいためだ。建具の入替えは暑さや寒さへの対応だけでなく、入替えを通じて、建具や敷居、鴨居の様子を知る機会でもあったが、それらの変化に気がつく機会は失われつつある。

年末の大掃除では、かまどを使っていた一九六〇年代までは煤払もしていた。また、十二月に入り天気の良い日に、表の格子を外して汚れを落として建具回りを掃除する様子は、風物詩のようであったが、今ではそのよう

写真1

写真2

な様子はみられない。なお、大掃除の内容は縮小されつつあるが、天井や梁材や柱材を拭く、表の格子を拭くなど、構造材の点検につながる掃除や町並みに影響を及ぼす手入れは、脈々と継承されている。

（二）住まいの補修・改修

補修や改修の記録は五十年ぐらい前まで遡ることができた。台所土間、トイレ、風呂、建具、屋根や外壁などに関することが多い。

台所では、まずプロパンガスの普及により一九六〇年代ぐらいからかまどが使われなくなり、除去されている。そして、煙出しや台所土間が変化していく。煙出しは台風や大雨の際に雨水が浸入してくるため、閉じたり、屋根を修理する際に取り除かれたりしている。台所土間には床を貼るようになる。土間への上がり下がりがなくなり便利になった。また、土間が湿っぽくなりやすいところでは、梅雨の頃や雨降りの時には長靴で作業をすることもあったので、随分と楽になった。一方で、作業の際に発生する水の始末に気を使うと話す高齢女性もいた。利便性や快適性の向上と〝慣れ〟は不思議なバランスをもっていると強く感じた。土間の段差は高齢になるにつれ、しんどく感じられるが、段差があるから気をつけている、体が覚えていると前向きに捉えられている様子も窺えた。台所回りの改修は、一九八〇年頃はプロパンガスやステンレス製流しの普及、二〇〇〇年頃はシステムキッチンの普及に従っている（写真2）。

トイレは一九七〇年代以降、汲取から浄化槽を設けた簡易水洗へ、和式トイレから洋式トイレへ、下水道の整備された水洗へ、新しい機能を持つ便器や便座へと変化している。また、子どもや孫が産まれた時期などに合わせ、外風呂を内風呂に改修している。トイレや風呂は母屋から離れたところにあり、湿気対策がなされていた。

築四十年程度の住宅であるが、建替え当時、風呂とトイレを母屋から離すことにこだわった住宅もある。経験的にその必要性を感じているようだ。現在では、外風呂や外廊下をつたってのトイレは不便なように感じるが、子世代、孫世代でも慣れているとさほど気にかけていないとのことだった。また、このような生活スタイルの変化に合わせて、外廊下などでもともと建具のなかったところに建具を入れる、障子や襖をガラス戸に替えるとともに、敷居や鴨居を補修している。

屋根の葺替えや外壁の塗替えの時期が記憶されているのは台風や震災などの自然災害の影響を受けている場合が多い。一方、正確な補修時期はわからないものの、傷みが発生するとその部分を中心に少しずつ、順に補修していることも多い。特に屋根の傷みに気をつけている住み手は多く、雨漏りしていないか屋根の様子を点検している。築一〇〇年以上を経ている住宅では、屋根においても何らかの補修がなされている。一方、外壁は補修されることなく一〇〇年程度使い続けられている住宅もある。外壁を一度に全面を塗替えるのは経済的負担も大きいため、街道側を塗替えた後、順にほかの面が塗替えられることもある。

また、表の連子格子を付替えることもある。格子は町並みを構成している大変魅力的なものである。格子について、建物のすぐ外側に設けられている平格子と、少し出っ張っている出格子。平格子は縦格子の幅の広い浪格子と細い連子格子。浪格子はシモミセ（写真3）、連子格子はナカマ、出格子はザシキに設けられている。シモミセは四間取りの居室から土間をはさんだ物入れである。四間取りとは、ナンド、ザシキ、ダイドコロ（オイエともいう）、ナカマ（ミセノマともいう）の四室から構成され、土佐街道沿いの伝統的木造住宅でも多くみられる基本的な間取りである。出格子は切子格子など意匠にも凝っている（写真4、写真5）。浪格子には通風を確保するための開閉式の格子もある。これは無双連子とも呼ばれ、板連子を外部に打ち付けて固定し、内側に同形の連子を引戸にして設けたものである（写真3）。

また、ザシキに鉄パイプの格子。少し冷たい感じがするが、防犯対策の一つで、鉄パイプの中には砂が入っていると聞いているとのこと。鉄パイプを取り去っても中の砂が出てきて侵入しにくいという。また、土佐街道では両脇に川（溝）がある。これは格子にとっては傷みにくい要因のようだ。水があるので湿気やすいと気になるが、川が深いのでその心配は少ない。一方で、川があると、人や車などが格子に直接あたることは少なく、大きな傷みを受けにくい。しかし、日常の手入れはしにくいだろう。以前は、はしごをかけて掃除をしていたようだ。これは多くの場合、女性がしていたとも聞いた。

補修や改修、建替えのきっかけは、老朽化のほかに、台風や地震などの自然災害、家電設備類の導入や下水処理の整備、家族構成や暮らし方の変化など生活スタイルの変化、高齢者対応とともに、お正月やお盆、雛めぐりや秋祭り、講の当屋がまわってきたなどである。年中行事や講の当屋に合わせて、障子の貼替え、畳表の交換、建具まわりの補修、さらには外壁の塗替えや屋根瓦の葺替えなどが行われており、一定のサイクルで補修が行われるきっかけとなっている。また、近年では年末の大掃除の後、雛めぐりの前にもう一度丁寧に掃除をする、傷んでいるところを補修するなど、今までは行われていなかった手入れがなされるようになってきた。さらに、今まで町並みに対して特に意識していなかったが、観光客から町並みに対して良い評価を得るようになり、住まいや町並みを意識するようになってきた。

写真3

写真4

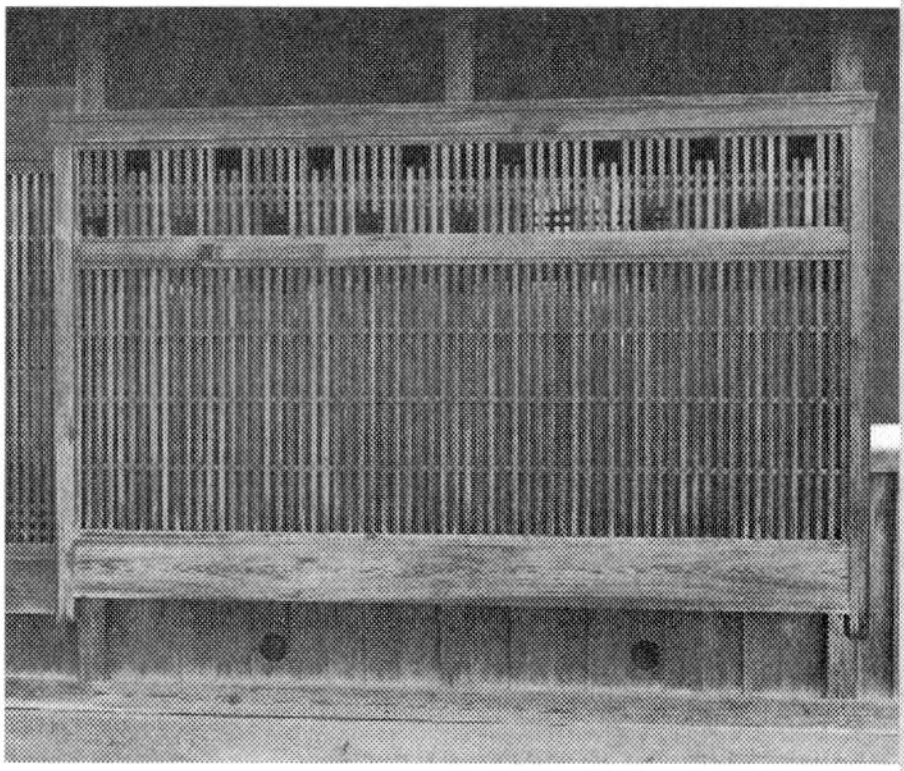
写真5

（三）印象深い改修

土佐街道では住宅の外壁は漆喰塗りが多い。白漆喰の外壁について、戦時中には、街道の高い位置に立地している、二階建てで目立つという理由で、白漆喰が灰色や黒色に塗られたそうだ。戦後白く塗り直されたり、そのまま使い続けられたりしている。また、築一〇〇年を過ぎている住宅では、ここ二十年間に屋根や外壁の補修・改修が行われている。老朽化とともに、一九八二年の台風十号や一九九五年の阪神大震災、一九九八年の台風七号などが大きく影響している。さらに、介護のための改修もみられるようになってきている。玄関を改修して車椅子が通れるようにしたり、住宅内部をバリアフリー化している。

四十年前頃に、車社会への変化に伴い、街道に面して駐車場を設けたくて、建替えを考えた家もある。しかし、土台やケヤキの柱材がしっかりしていたこと、家や町並みへの愛着が強かったことから、建替えおよび街道に面した駐車場は断念した。生活の利便性と家を残し維持していくことに苦慮した時もあったが、家族の住宅への思い、残して使い続けていくという思いが強く、改修により対応してきている。

街道側の外観はそのまま残し、住宅内部をバリアフリー化するという大規模な改修を行った家もある。夫の仕事の都合でこの地を離れていたが、夫の転勤を機に、十年ぐらい前から同居の準備を進め、老朽化した住宅の改修を検討した。足の弱っている八十歳代の親の日常活動および介護、そして町並みのことを考え、街道側の外観はそのまま残し、住宅内部をバリアフリー化するという大規模な改修を行った。構造材の老朽化もみられたが、床組の組み直し、傾き補修、斜材による補強により、構造的な不安を解消している。内部は構造材や天井板の洗い、内壁の塗直しなどにより、モダンな仕上がりとなっている（写真6）。

同居家族の高齢化の進行と台所設備の

写真6

更新を考え、玄関から中庭に続く広い土間を約二十年前に改修した住宅。土間に天井をつけるために、梁材を切った。台所土間上部の煙出しは形のみ残した。柱は洗いにかけたらきれいになりすぎたので、他の材と色味を合わせるために塗装仕上げとした。通り土間は残したが、台所土間に床を貼り、食事室を同一面に整え、段差のない続き間とした。土間から座敷の床上までの段差が六十cm程度あったが、改修時に中間に一段入れて三十cmの二段とした。また、約十年前に屋根瓦を葺替え、外壁の漆喰を塗替えた。屋根瓦は五十年に一回は葺替えるよう言われていたが、しばらくなされていなかった。瓦、葺土、野地板すべてを外して葺替えた。伝統的な趣を維持しつつ日常生活のしやすさを考慮した改修である。なお、土間から座敷への段差について、最近では、八十歳代の住み手はこの段差が少ししんどく感じられるようになってきている。

補修・改修が比較的小刻みに行われている住宅もある。お話を伺った中で唯一茅葺き屋根である。茅を葺替えたのは七十年ぐらい前が最後であった。その後火災への対応、茅の減少などから、瓦葺きへの変更も考えたが、茅葺きにトタンを葺く方法を選択した。トタンが傷まないように、十年ぐらいの周期でコールタールを塗布していた。十年ほど前に街道側の屋根から雨漏りがあり、一部補修した。屋根をはじめ各部に老朽化による傷みがみられ、居住者も大規模改修や建替えを考慮し始めている。

阪神大震災を契機に築一〇〇年の家屋を建替えた。震災での揺れが大きく、耐震性に不安を覚え、建替えに踏み切った。建替えに際し、間取り、トイレ位置、床の間の書院の形は変更していない。構造材に古材を使うことも検討したが、シロアリ被害がひどく再利用しなかった。建具は健全であったが寸法が合わないため、再使用は断念した。建替えて耐震性や防犯面への安心感、そして快適性は増した。一方、建替え当時は町並みなど意識しなかったが、現在ではもう少し考慮できなかったかと思うことがある。

また、約一二〇年前に建てられた住宅を住み継いできたが、建物の老朽化が進んできたことから約八年前に建替えた。床の間と仏間は必要、駐車場を街道側に設けないなど、ご主人の熱い思いがあった。和室二間については要望通りとなったが、駐車場は結局街道側に設けた。車社会の課題がここでもみられた。なお、建替えにおいては、特に経済的な負担も大きい。これを次の代に負わせてはいけないという思いもみられ、住み手のイエ（住宅、家族、先代）への強い思いが感じられた。

（四）これからの手入れ

現在の住まいについて、「自分たちの代はこのままで良いが、息子世代は建替えるだろう」「不便だが家を守っていってほしい」「外観はなるべく維持して内部は現代的に改修していくのが良い」など様々な意見がきかれた。一方で、二十年ぐらい前の建替えでは、町並みなどを意識することはほとんどなく、近年になり、そのことを少し残念に思っている様子も窺えた。住まいに対する住み手の意識として、ご先祖様からの家を大切に守り、次の代に家を継承していくという強い気持ちがある。伝統的な木造住宅を次世代に継承していくためには、維持管理する意識を高めていくことが必要である。町家の雛めぐりなどの町おこしの活動は、家の維持管理を行うきっかけの一つになりつつある。また、最近では、町並みを意識するようになってきて、長年にわたり使い続けられてきた住まいを継承していきたいと強く感じるようになり、改めて住まいを長持ちさせることを意識するようになってきているように感じられた。

このように、家族構成の変化や住み手の高齢化、また、町並みや町への思いなどにより、住まいの維持管理に対する住み手の意識も変化してきている。住まいに対して日頃から手入れにかかわり、管理の必要性や継続の重要性を認識していくことが大切である。また、建築物としての住宅を維持するだけではなく、家族や先代からの思いを現代の生活に合わせながら継承していくことも、長期的な視点から求められる。維持管理手法の継承とともに、維持管理に必要なマンパワーの確保、経済的な支援、住み手の住まいに対する思いを高めるきっかけをバランス良く整え、伝統的木造住宅の手入れ・維持管理について、自助のみならず、共助、公助のあり方とともに考えていきたい。

二、この町に住み続けるための住民調査より

和歌山大学教育学部教授　村田順子

『町家の雛めぐり』をはじめとする地域住民による「まちづくり活動」により、多くの観光客が土佐街道を訪れ、土佐街道沿いの歴史的町並みも多くの人たちに知られるところとなった。この美しい町並みを維持し、今後

のまちづくりに活用していくためには、住民の方々がここに住み続けていくことがもっとも重要なこととなる。二〇一一年末に土佐街道周辺の住民の方々にアンケート調査を実施させて頂いた。この結果を見ながら、居住の継続にまちづくり活動はどのような役割を果たすことができるのかを考えたいと思う。

土佐街道周辺の七地区九六二世帯に対して調査票を配付し、各世帯一名の方に回答をお願いしたところ、七一九世帯から回答を得ることができた。

アンケート調査にご回答下さった方々の基本属性は表1の通りである。分析のため回答者の方たちを以下の三つのライフステージに分類している。

● 「現役期」五十九歳以下
（就労または育児や家事に従事している、あるいは子育てを終え活動的な時期）

● 「リタイア期」六十〜七十四歳
（退職後、徐々に生活行動範囲および活動範囲が地域へと収斂してくる時期）

● 「高齢期」七十五歳以上
（加齢による身体機能の低下が顕著になり自宅を中心とした生活が主となる時期）

表1　世代別基本属性　(%)

		現役期	リタイア期	高齢期
性別	男性	43.0	50.3	48.2
	女性	57.0	48.2	51.2
家族型	単身	6.3	10.7	30.7
	夫婦のみ	7.7	33.7	31.3
	子どもと同居	41.6	25.7	12.0
	親と同居	14.0	9.7	0.0
	三世代同居※1	25.8	10.4	16.3
	その他	1.4	1.7	1.2
出身	高取町出身	48.4	49.0	56.0
	生まれてからずっと	63.6	76.9	84.9
	戻ってきた	30.8	17.0	9.7
	街道沿い居住	19.5	26.7	31.3
計（人）		221	300	166

※不明は記載せず　※1　四世代同居も含む

家族構成をみると、「現役期」は「子どもと同居」が四二%と多いが、世代があがるにつれこの割合は減少し、「単身」、「夫婦のみ」が増加し、三世代同居は少なくなっていることが分かる。

高取町の出身者は、「現役期」と「リタイア期」では約半数であるが、「高齢期」の方は六割近くが高取町の出身者と、世代が高くなるにつれて高い割合となっている。町出身者の中でも「生まれてからずっと」高取町に住んでいる人は、「高齢期」では八五％と高い割合となっている。「現役期」では、町の出身者の三割が進学や就職で一度町を離れ、再び戻ってきている。

（二）まちづくり活動への関わり

『町家の雛巡り』など地域住民が主体となって実施しているまちづくり活動への関わり方については、「特にまちづくり活動には関わっていない」という人が、全体的に六五％と多く、特に「現役期」が七三％と高い割合になっている（表2）。「現役期」は、仕事や子育てなどに忙しく、まちづくり活動にコンスタントに関わることが難しいのだろう。また、住まいが街道沿いか否かでもまちづくりへの関わり方には違いがみられ、「街道沿い」の居住者は半数以上が何らか形で関わっているが、「街道沿い以外」の居住者は約七割が関わっていない。

関わり方では、「雛人形を自宅に飾ったり、のれんを掛けたり」等のイベントへの協力が多く、世代が上がるにつれ多くなっている。スタッフや運営の手伝いといった関わり方は「リタイア期」や「街道沿い以外」の人に多くみられる。

表2　世代別・住まい別　まちづくり活動との関わり方　（％）

	現役期	リタイア期	高齢期	街道沿い	街道沿い以外	全体
天の川実行委員会の活動に、スタッフやボランティアとして関わっている	2.7	6.7	2.4	3.8	4.6	4.5
ボランティアとして、イベントのある期間、行事運営のお手伝いをしている	4.5	7.3	4.8	4.4	6.1	5.8
雛人形を自宅に飾ったり、のれんを掛けたり、イベントに協力している	9.0	12.0	15.7	30.6	5.5	12.3
イベント開催期間中、有志でお店を出すなどしている	5.0	3.0	1.8	1.6	4.2	3.5
イベント開催期間中、作品を展示したり、楽器の演奏などをしている	0.0	0.7	0.6	1.1	0.2	0.4
イベントの準備を手伝っている（もち花作りやかかし作りなど）	0.9	5.3	4.8	4.9	3.8	4.0
その他	4.1	4.3	2.4	2.7	4.2	4.0
特にまちづくり活動には関わっていない	73.3	59.0	65.1	48.6	69.7	65.4
対象者数	221	300	166	183	505	706

※天の川実行委員会：まちづくり活動の中心となっている住民組織

写真1 「町家の雛巡り」で展示について説明するボランティアの方

住民が自身の健康状態や活動意欲に合わせまちづくりへの関わり方を選択できるのは、良いことである。特に、退職後あるいは子育てにひと段落ついて比較的自分の時間が持てる時期に居住地域内で活動できて、地域の人たちとの交流の幅を広げていけることは、高齢期の生活に向けて大変重要なことであろう。今後は、若い世代をいかに活動への参加を促すかが課題だと思われる。

(二) まちづくり活動の評価

まちづくり活動の効果など十項目について評価してもらった結果を図1に示す。

「観光客がたくさん来るなど、街道沿いが活気づいてよいと思う」は、「そう思う」と回答した人の割合が特に高い。人口減にともない賑わいを失っていた街道が、まちづくり活動により活気づいた面に対する評価は高いといえる。

伝統的な町並みについても観光資源としての価値を見出し、「伝統的な町並みは保存すべきだと思う」、「町並みを守る意識が高まった」と考える人が多くみられる。まちづくり活動により観光客がたくさん訪れるようになったことが、土佐街道沿いの町並み保存に対する意識を高める一因となったようだ。

「住民同士が交流する機会となってよい」、「住民たちの生きがいづくりに役立っている」に対しても六割以上が肯定的に回答しており、まちづくり活動が住民の生活にもよい影響を与えていると評価されている。活動に参加することで隣近所以外に友関係を広げた人も多いと思われる。

不特定多数の観光客が訪れることによる「防犯面」を心配する人の割合が半数近くあるが、「落ち着かない」、「トラブルが起こるようになった」に対しては、「そう思わない」とする意見が多く、全体としてまちづくり活動に対しては肯定的、好意的であると言える。しかし、観光客が大勢訪れ、土佐街道の町並みを見ながらのんびり歩くため車が通りにくい、ゴミを捨てていく、など観光客のマナーの悪さを指摘する意見もみられた。住民の方々にとって土佐街道は生活道路であるため、増えている観光客とどう折り合いをつけていくかは今後の課題であろう。

まちづくり活動により、地域にはよい効果がもたらされたと評価する人が多数を占め、自分たちの暮らす地域を見直すきっかけとなり、良い効果が得られている。今

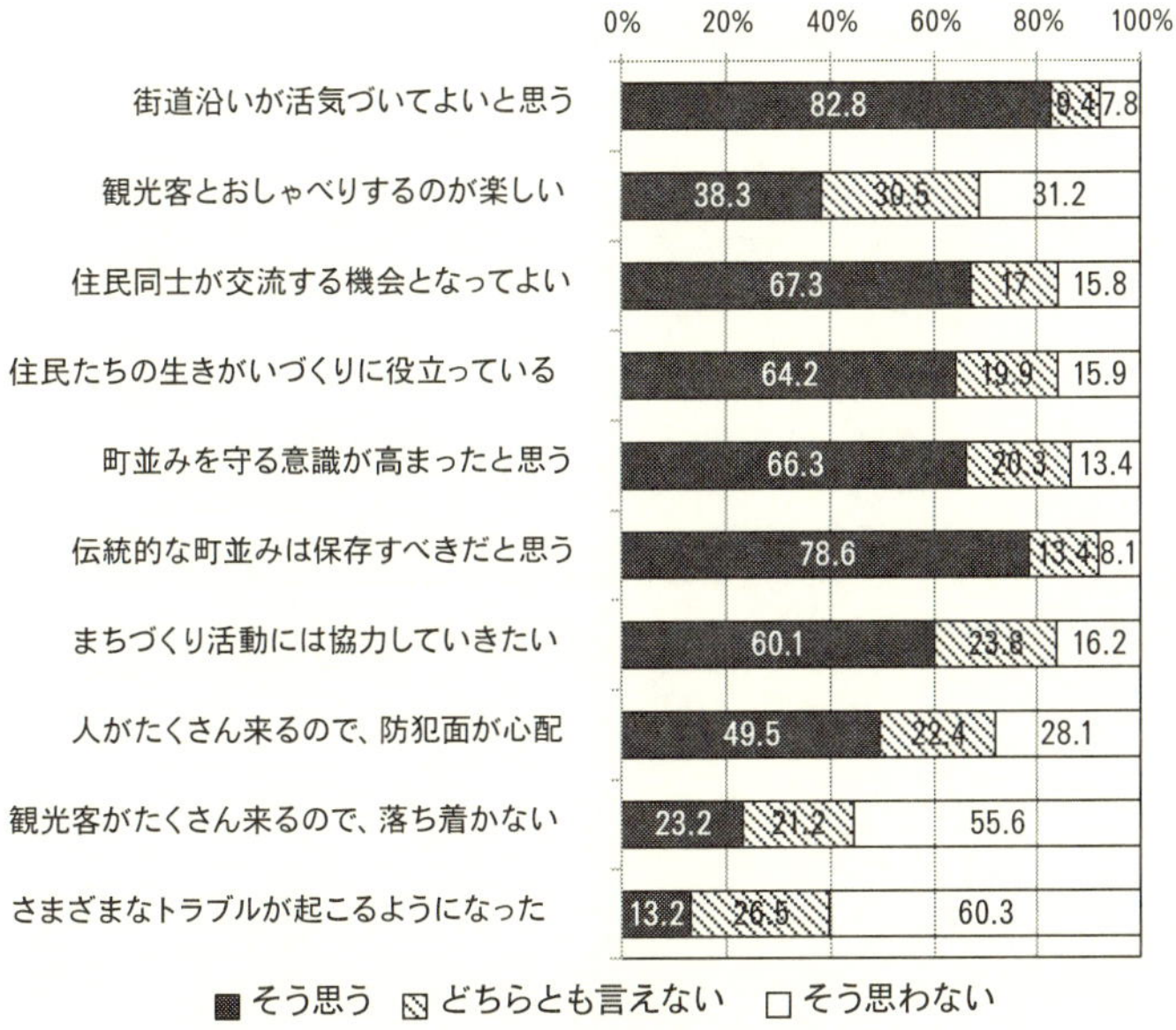

図1　まちづくり活動に対する評価

後は、望ましくない面を指摘する地域住民の声にも耳を傾けながら、よりよいまちづくり活動のあり方を検討していくことが求められるだろう。

（三）地域で住み続けるために

① 近隣関係

長年地域で暮らし続けている住民が比較的多いので、他の地域に比べると高取町は近隣関係が維持出来ていると思われるが、昔に比べると希薄になったという声も聞かれる。地域で安心して暮らしていくためには、近隣の方たちとの関係は重要な要素となる。

地域で住み続けるためにどのような近隣関係が望ましいかをたずねた結果、各世代とも「何かあった時には頼りにしたり、相談できるような関係を保つのがよいと思う」と考える人が最も多く、特に「高齢期」では六五％と他の世代よりも二割ほど高くなっている（図2）。「近所づきあいはわずらわしいので、あまり関わらない方がよいと思う」は、各世代ともほとんどなく、世代に関係なく地域で住み続けるためには近隣関係を適度に保つことが大切だという意識は持っているようである。「あまり干渉せず、さりげなく様子を見守る程度の関係がよいと思う」と「日常的に付き合いはなくても、困った時に助け合える関係があればよいと思う」と回答した人の割合は、各世代ともほぼ二割前後である。半数近くの人は、日頃は深い関わりはなくてもお互いをさりげなく気遣い、何かあった際には手を差し伸べる関係を望ましいと考えている。

何かあった時、困った時に助け合える関係を築くには、相互理解が必要となる。自由記入では、子育て世代の方から「見知らぬ人からも挨拶してもらえるので安心できる」といった意見がみられた一方、新規に住民となっ

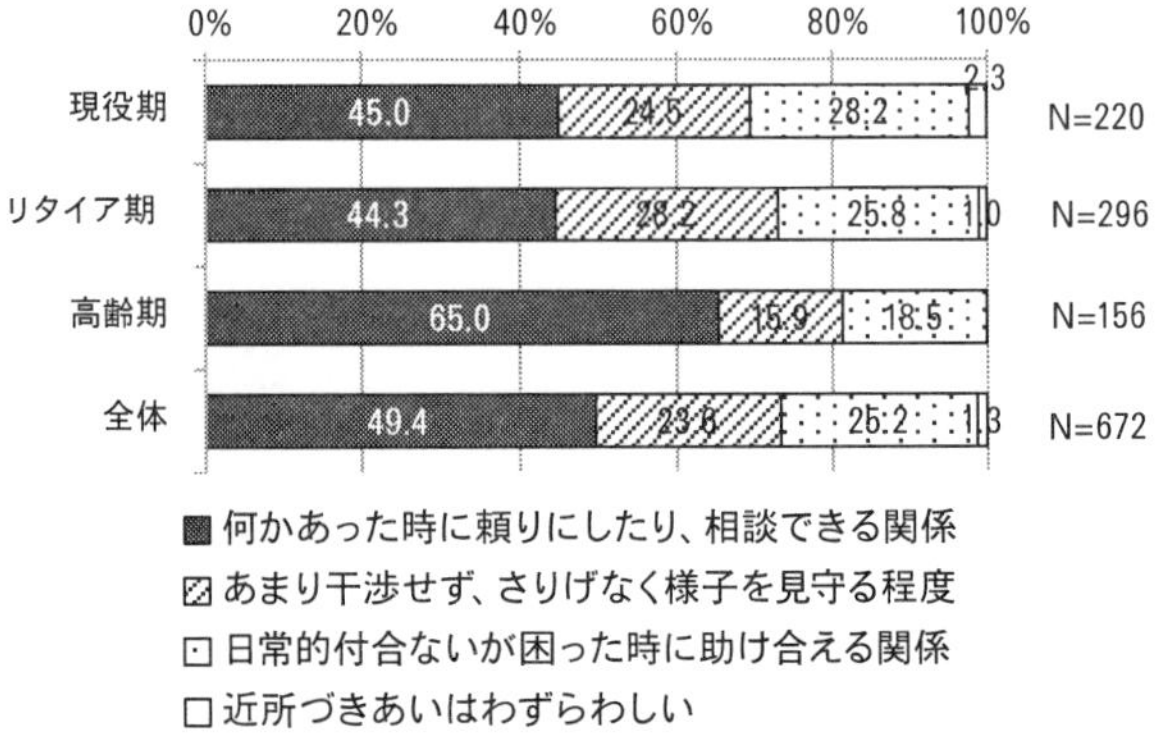

図2　世代別近隣関係

た方が「地域に残る習慣が分からないので困っている」といった意見もみられた。歴史のあるこの地域で代々受け継がれてきた地域の習慣やしきたりに、他地域からの居住者は戸惑うこともあるようだ。新旧の両住民が交流できる場があれば、分からないことを聞く、教える、という関係を築き、地域に残る習慣などを継承していけるのではないだろうか。まちづくり活動は、住民交流の機会を持ち、相互理解の場としても有効であると考えられる。活動を通じて顔見知りになった人同士が、価値観を共有し、地域の伝統を守ったり、何かあった際には相互に助け合ったりするなど、関係性を発展させていくことが期待される。

② 住み続けるために必要な生活支援

町内にはかつては街道沿いに商店が多数あったが、現在は非常に少なくなっている。また、伝統的な住宅が比較的多く残っており、広い敷地内に複数の建物を有しているお宅も多く見られる。しかしながら、家族人数は減少傾向にあり、高齢期に夫婦のみ、あるいは単身で暮らしている人が多くなっている。老後も今の家に住み続けたいという人は、「現役期」は七割だが、「リタイア期」

表3　居住の継続に必要な日常的支援（複数回答）　（%）

	現役期	リタイア期	高齢期	全体
いざという時、すぐ手助けしてくれる家事援助サービス	57.5	46.7	37.9	48.0
何かあった際の通報システムの設置	50.5	50.2	38.5	47.4
友人や話し相手	48.1	39.9	37.9	42.0
力仕事など日常生活でのちょっとした雑事への手助け	46.7	38.5	37.3	40.8
日常の買い物サービス	46.3	31.6	32.9	36.6
外出や通院のときの付き添いサービス	48.1	32.0	29.8	36.6
おしゃべりや趣味など自分の好きなことをしながら、気軽に利用できる日中過ごせる場所	41.1	35.1	24.8	34.5
毎日の食事の宅配サービス	36.0	19.2	20.5	24.9
福祉サービスについて教えてくれる窓口	28.0	20.3	21.7	23.1
第三者的立場で相談に乗ってくれる人	28.5	19.2	15.5	21.3
住宅改修や建替えの相談や、融資の斡旋	14.5	8.2	4.3	9.3
その他	1.4	1.0	1.2	1.2
特にない	3.7	6.2	6.8	5.6
計（人）	214	291	161	666

※不明は除いている

と「高齢期」では九割を超えており、居住の継続を望む人が特に高齢者に多くなっている。このような現状を踏まえ、日常生活に手助けが必要になっても現在住んでいる家で住み続けるためには、どのような日常的支援が必要かをたずねた。

全体では、「いざという時、すぐ手助けしてくれる家事援助サービス」四八％、「何かあった時の通報システムの設置」四七％、「友人や話し相手」四二％、「力仕事など日常生活でのちょっとした雑事への手助け」四一％の順で多くなっている（表3）。介護保険サービスでは賄いきれない、家事や雑事に対する臨機応変な対応や、単身・夫婦のみ世帯でも安心できるつながり（通報システム、友人など）への要望が高くなっている。全体的に世代が若くなるにつれ要求度が高い傾向がある。

必要な支援を年代別にみると、「現役期」は「いざという時、すぐ手助けしてくれる家事援助サービス」が最も多く、「リタイア期」、「高齢期」では「何かあった時の通報システムの設置」が最も多くなっている。これは、「リタイア期」と「高齢期」は、一人暮らしや夫婦のみで暮らす世帯が多くなっているため、緊急時への不安感があると考えられる。

全体では五位の「外出や通院のときの付き添いサービス」が、「現役期」では三位と要求度が高くなっている。また、おしゃべりや趣味などをしながら「気軽に利用できる日中過ごせる場所」は、全体では七位だが、「リタイア期」では五位となっている。どの世代も「友人や話し相手」に対する要求は高い。地域のどこかに集える場所があれば、お互いの家を行き来するよりも気楽に住民同士の交流が図れるであろう。

（四）さいごに

住民の方々は、まちづくり活動に対しては、イベントを通じて住民同士が交流を図り、地域の活性化に役立っていると評価している。地域に暮らし続けるためには、良好な近隣関係を築き、お互いに支え合って暮らしていくことが求められるが、まちづくり活動が、これまで余り交流のなかった住民同士を結び付ける役割を果たしていると考えられる。活動に参加することで、人とのつながりを緩やかに結んでいき、地域の中で孤立せず、安心感を持って地域で暮らすことが可能となっていくのではないだろうか。

また、土佐街道の町並みを守っていきたいという意識が、まちづくり活動を通じて高まっていることが調査からうかがえる。自分の住んでいる地域に対する愛着感や誇りに思う気持ちは、地域に住み続けたいという気持ちを強くしていくものであろう。これまで当たり前だと感じていた昔ながらの住宅や町並みが、観光客など外部からの訪問者に評価されることで住民たちが自分の住む町の魅力を再発見し、守りたいと感じるようになったことは、まちづくり活動の大きな成果と言えるだろう。

三　まちづくり活動ボランティアに対する調査から

兵庫県立大学環境人間学部教授　田　中　智　子

(一)まちづくりに参加している人

二〇一二年にまちづくり活動に関わっている住民に対するアンケート調査(回収数一七三票)、二〇一三年にボランティア団体に所属する六十歳以上の方に対するヒアリング調査(対象者数十名)を実施した。

アンケート調査によると、まちづくりに関わっている方は、女性が六割以上、男性が三割強である。年齢階層別に分けてみると、五十九歳以下の現役世代(二〇%)、六十代のリタイア世代(三八%)、七十歳以上の高齢世代(三六%)であり、六十歳以上の方が七割を占める。リタイア世代では女性が多く、高齢世代では男性の割合がやや多い傾向がみられた。

現役世代では、未婚子と同居、三世代同居、親と同居という家族型が多いが、リタイア世代と高齢世代では夫婦のみや単身の世帯の割合が高い。

活動の頻度は、年間を通じて活動する方や不定期でも年間一〇〇日以上活動する方が四割、イベント開催時や不定期に手の空いた時に手伝う方が六割であった。夫婦のみの世帯で六十代のまだまだ元気な方たちが年間を通じて活動する傾向が強く、五十代以下の未婚子同居世帯や三世代同居世帯、七十歳以上の高齢者では、随時またはイベントのみの活動が多い。それぞれの生活や体力に合わせて活動されている様子がうかがえる。

活動に参加したきっかけは、年間を通じて活動する方では、実行委員会のスタッフに頼まれたり、既に関わっていた友人・知人に誘われたなど、個人的なつながりがきっかけになっている。イベントのみに参加する方では、所属しているサークルや老人会などが参加することになったという「巻き込まれ型」がもっとも多くなっている。興味を持って自分から参加したという積極的な方も一割以上であった。

（二）活動野実態

活動の年数を五年以上、三〜四年、二年未満に分けてみると、それぞれ三割程度であり、徐々に参加人数を増やしてきていることがわかる。「町家の雛巡り」など活動の回数を重ねるごとに町の人々を巻き込んで、活動が広がっていったことがうかがえる。

活動の内容（図1）は、継続的な活動や臨時の活動、気軽に参加できることから体力が必要な活動までさまざまである。年間を通じて活動する方では、空き缶の高取城やジャンボ雛などの制作、イベントの企画・運営、会場の飾りつけや撤収作業、駐車場の案内係などの比率が高く、責任の大きい仕事や労力・体力が必要な仕事、継続的に関わる仕事内容の比重が大きくなっている。イベントのみに参加する方では、雛人形やかかしなどを自宅に飾ったり、餅花やかかし作りなどのイベントの準備、イ

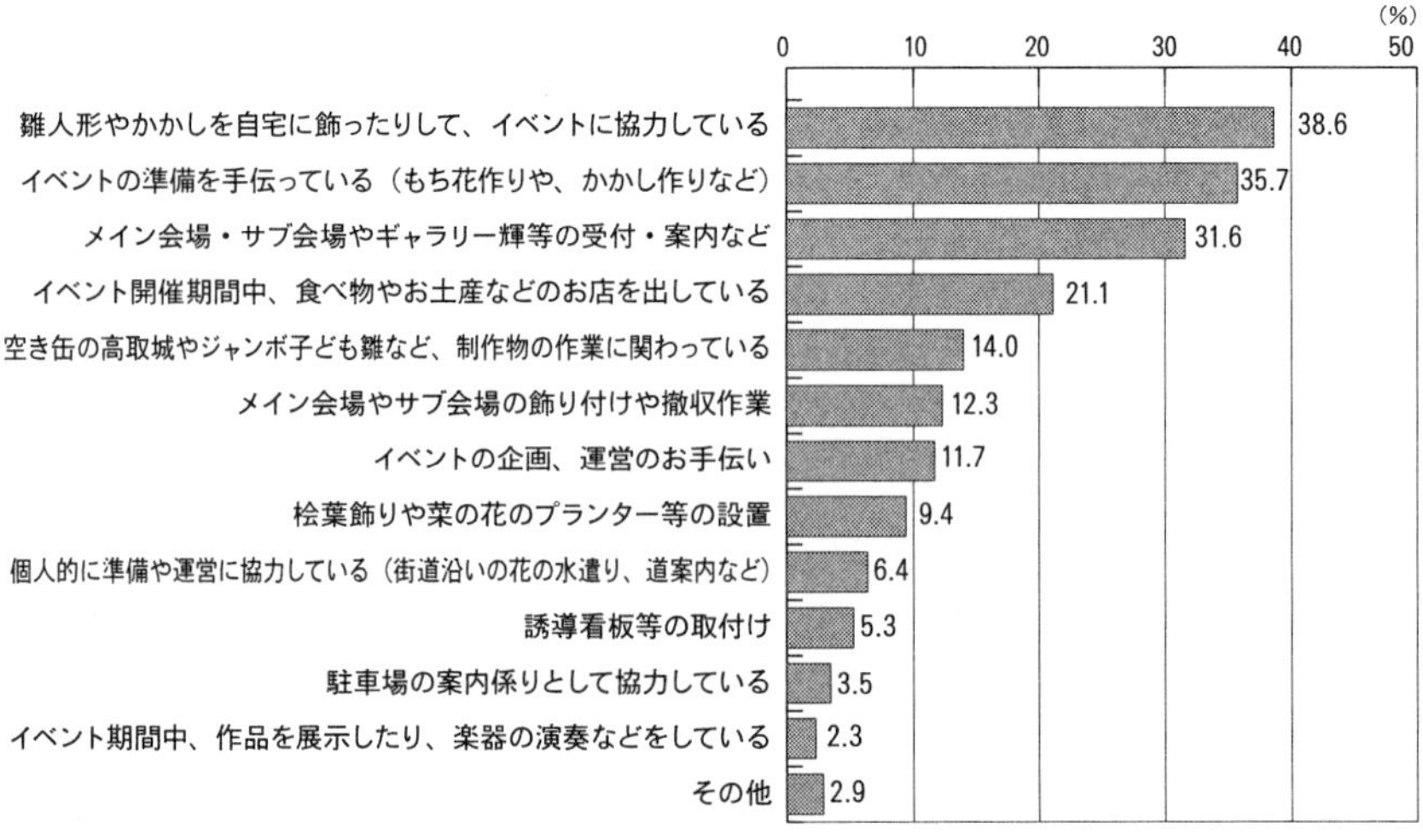

図1　参加しているまちづくり活動の内容

ベント期間中に食べ物やおみやげ物のお店を出す、イベント期間中の作品展示など、どちらかというと短期間の活動や、所属するサークルや団体の活動として参加している方が多い。

（三）意識の変化

　これらの活動に参加することによって、日常生活や地域に対する意識が変化した人が多くみられる（図2）。もともと近隣付き合いの密な地域であるが、顔見知りや気軽に話しができるような知人や親しく付き合える友人が増えたと回答する人が多く、親しい交流が増えたことがうかがえる。ヒアリング調査でも、現役時代は、自治会の役員やお祭りへの参加をしていても、近所付き合いの一環として捉えていて、顔見知りは多くても地域への関心が薄かったと感じていたようである。活動を始めて、「顔見知り程度だった人が知り合いになった。声をかけられることも増えた。」という意見に代表されるように、一緒に食事をする友人や、仲間と呼べる人ができた人が多い。

　楽しみができた、増えた、生活に張り合いができたという回答のように、生活の楽しみにもなっているうえ、

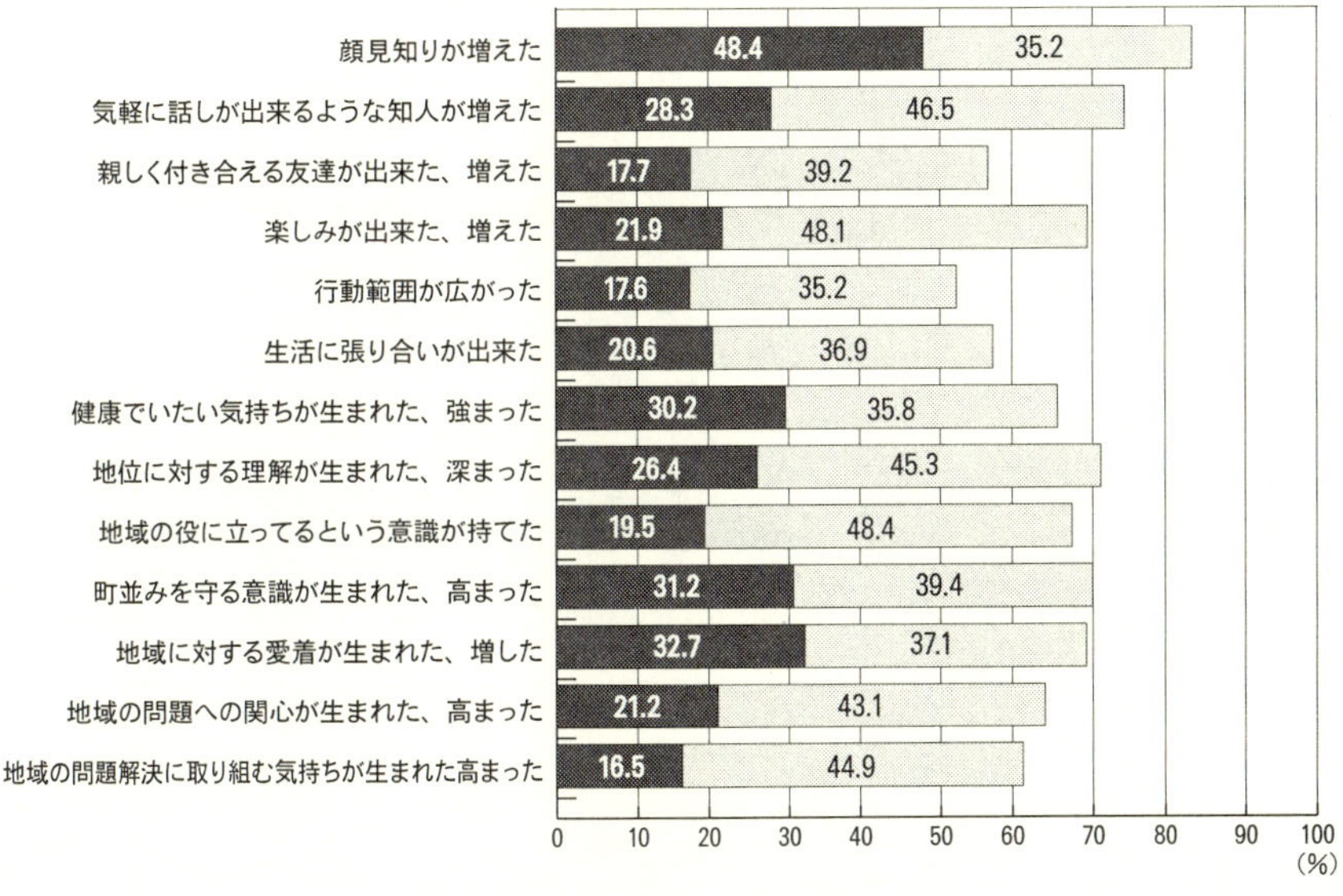

図2　生活や地域に対する意識の変化

健康でいたいという気持ちが生まれた、強まったと、前向きな気持ちを強めていることがわかる。ヒアリング調査では、ボランティア活動をして良かったこととして、「観光客との会話が楽しい」、「感謝してもらえたり、喜んでもらえる」、「町のことをほめられる」、「町の住民や町役場が協力をしてくれること」、「イベントが実現できたとき」、「活動自体が楽しい」などのやりがいや楽しさが挙げられている。そして全員がボランティア活動について、充実している、満足していると回答している。

「地域に対する愛着が生まれた、増した」、「地域の問題への関心が生まれた、高まった」という回答も多くみられる。このように地域に対する愛着や理解が深まるだけでなく地域の課題に対する関心が高まるなど、愛着以上の積極的な気持ちが強まっていることがわかる。活動を通じて地域内の交流が広がり、地域を見直すきっかけになっていると思われる。年間を通じて活動している人のほうが意識の変化が大きく、地域に対する愛着や理解への同意率が高いほか、より積極的に「地域の抱える問題解決に取り組む気持ちが生まれた、高まった」という意欲的な意見もみられる。

地域に対する意識の変化をヒアリング調査からみると、「閉鎖的な町だと思っていたが、活動を始めたことで町の良い面を知ることができた」、「知れば知るほど良いところと思う」、「地域との関わりが一番大事だと思うようになった」、「町の良さを知り、誇りを持つことができた」等、自分の町を肯定的に捉え、誇りを持つように変化していることがわかる。

そして「町のことをもっと知りたい」、「どんな町か知ってもらいたい」、「いつも町をどうするか考えている」など、町の歴史や文化に対する関心が強まり、さらには、町の課題に目を向け、町を良くしたいという気持ちを持つようになったことがわかる。

(四) 住民相互の助け合い活動について

高齢化が進むにつれて日常生活に不便を感じることが多くなる。ちょっとした手助けを住民同士で行うことにより地域で暮らし続けることができるのではないかと考え、住民相互の助け合い活動について尋ねた。その結果、助け合い活動の支援者として登録してもよいと考える人は四割強であったが、大多数の方が助け合い活動は必要だと考えておられることがわかった。

つぎに生活支援活動の内容を十七項目あげて、協力の意思を尋ねた。

協力してもよいと考える人の割合が高い項目は、「ひとり暮らしの高齢者などに対するさりげない見守り活動」、「定期的に高齢者に電話をかけたりする安否確認」、「電球の取り替えなど短時間ですむちょっとした作業」、「高齢者の話し相手」、「風邪をひいた時など、急に具合が悪くなった時の手助け」である。

一方、協力できない、したくないという回答が高い項目は、「簡単な大工仕事」、「食事を作って届ける」、「子どもの塾やお稽古などの送迎」、「家の外回りの掃除」、「大掃除などの力仕事」などである。

見守りや安否確認といった比較的負担が軽く、生活の場に入り込まない支援は抵抗感がなく協力が得やすいようである。また、協力するかどうか「今はわからない」という回答が四割を超える項目が十三項目と多くあり、実際どのようなシステムで支援活動が行われるのかわからない現状では、具体的に考えにくかったと思われる。

また、年間を通じて活動する方では、イベントだけの方よりも「協力できない、したくない」という回答は少なく、支援者と支援を受ける人との人間関係を築くことによって協力してもよいと考える方が増えるのではないかと考えられる。

男女で回答に差が大きい項目もあった。「ちょっとした作業」や「大工仕事」、「屋外での作業」、「力仕事」などは男性に協力してもよいという回答が高い一方で、女性では協力できない、したくないが非常に高くなっている。

「子育て中の親の話し相手や子育て相談」、「子どもと留守番、短時間の一時預かり」といった子どもに関わる項目と、「散歩の付き添い」では、協力に肯定的な回答が男性で低く、女性で高い。このように、男女で担ってもよいと考える支援の内容に差がみられることから、支援者には男女ともに参加していただくことが幅広い支援につながると考えられる。

(五) さいごに

人口減少時代に入り、税収の大幅な増加が期待できない時代は、公的な支援に期待できない時代でもある。地域の困り事は地域住民が解決する共助・互助の考え方が広まっている。土佐街道沿いの「まちづくり活動」は、地域の活性化だけでなく、地域住民のつながりを広げ、地域の問題に関心を持ち、解決していこうと考えるきっかけになっていることが今回の調査でわかった。

顔見知りが増え、親しい友人知人が増えるなかで、気にかけてもらっている、気軽に頼みごとができる、頼り頼られる関係ができたという回答もあった。住民相互の互助活動が展開していくかどうかは未知数であるが、このような地域の人的ネットワークは暮らしの中の安心感や地域の暮らしやすさに確実につながっていくと思われる。

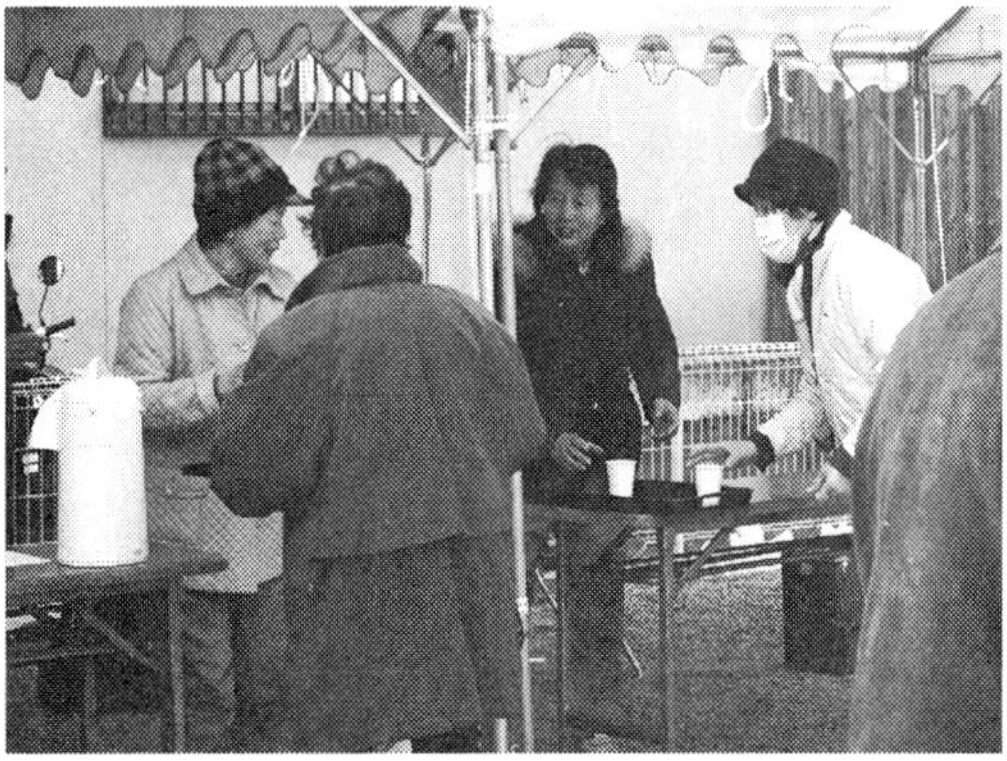

第八章　安心して老いていける地域社会の実現に向けて

天の川実行委員会

高取町は製薬・売薬業で繁栄したが、昭和四十年代から西洋薬に押され衰退し、若者は職を求め町を出ていき高齢化率が三〇%を超える。わずかな商店も廃業寸前で、町内を走る私鉄も運行本数減が話題にのぼり、このままでは町は消滅するとの危機感を持った。地域の商店はもはや個人の物ではなく社会インフラだ。高齢化が進んでも地域で買い物ができれば生活できる。まず商店を元気にするため人を呼ぼうと考えた。町がこうなったのは役場や町長のせいではない。住民が町に何ができるかが問われている。これからは住民が町に支えてもらうのではなく、住民が町を支えることなくして地域は成り立たない。先ずは行政や既存の団体に頼らずもちろん補助金も受けず、リタイヤした高齢者住民で活動することを宣言した。以下の図が天の川実行委員会の戦略である。

二〇〇六年一月に一本道で山城高取城へ続く旧城下町の街道を天の川に見立て、高齢者住民が天の川の星になって輝こうと、五人ほどの高齢者仲間で任意団体「天の川実行委員会」を作った。「一定の活力を維持し、安心して老いていける地域社会の実現」を目的としお客様は、何事にも感動を露わにし、口コミ力があり、食事やお土産におカネを使い、行動力のあるシニア女性に狙いを絞って、二〇〇七年三月から「町家の雛めぐり」を始めた。

仲間は五人、地域での知名度ゼロ、活動資金もゼロといった制約はあるが、技術や知識、経験そしてふるさとへの思いを持った高齢者世代と歴史の情緒ある街道といった地域資源、この条件に合致した企画だ。街道沿いの主に個人宅や僅かに残っている商店で飾るひな人形を楽しんでもらう一ヵ月間の企画で、全国的なひな祭りイベントと差別化を図るため住民との交流が自然とできるよう、それぞれの家の「雛物語」を色紙に書いてひな人形の横に飾ることにした。「町の方とのお話や、ふれ合いがとても楽しかったです。とてもステキなイベントだと思います。」といった観光客の方の感想に代表されるように住民とのふれ合い交流が口コミで増え、雛を飾る家が最初の年三十六軒、今では一〇〇軒程度住民から協力を得て、観光客も最初の年が八、一五一人だったのが今年は四四、三三二人まで増え、高取町で観光客が直接消費した額も六、八〇〇万円にまでなった。

秋の企画もやろうと二〇〇九年十月から、一ヵ月間「町家の案山子めぐり」を始めた。住民が作った等身大のおばあちゃんやおじいちゃん、こどもの案山子を町家

天の川実行委員会の目指すまちづくり

「一定の活力を維持し、安心して老いていける地域社会の実現」

1. 出来るだけ長く元気で暮らし続けるための生きがいづくり。
2. 心身が弱っても住み慣れたところで暮らし続けられる環境整備。
3. お互いに支え合う人と人とのつながりづくり。

高取町の高齢者が毎日の生活を送るうえでの難題

若者の流出による高齢単独世帯化が進み、地域の活気が失われ、高齢者の心身機能が低下している	地域商店の廃業が相次ぎ高齢者が買い物難民化になる危機に瀕している	利用者減に伴う近鉄や奈良交通の運行本数減により高齢者の足が失われる危機に瀕している

キメテは旧城下町の景観と高齢者住民のもてなしを活かしてイベント等を開催し

四季折々のイベントの開催
- 3月の一ヶ月間「町家の雛めぐり」
- 10月の一ヶ月間「案山子めぐり」

月替わりギャラリーの開催
- パッチワークキルト展
- ちりめん細工作品展

etc

旧城下町の景観保存
- 高取城のCGによる再現
- 空き家を活用した地域の居間の整備

観光交流人口を増やし

高齢者が観光客と交流
高齢者の居場所づくり
↓
心身機能の活性化
●介護予防●

観光客が地元の商店で買物
商店の活性化
↓
商店の廃業に歯止め
●高齢者の買物難民対策●

観光客が近鉄・奈交を利用
乗降客の増加
↓
運行本数の削減防止
●高齢者の足の確保●

地域の居間づくり
身体機能が低下した高齢者の居場所づくり
↓
支え合う人と人とのつながり
●介護予防●

〈高齢者住民が天の川の星のように光り輝き
町を出て行った息子や孫がリタイヤしたら
戻って来たいと思うような町の実現〉

や商店に飾り観光客に楽しんでもらう企画だ。最初の年は六、一八三人だった観光客も昨年は八、一二七人にまでなった。

観光客から褒めてもらうと高齢者はうれしい。生きがいになり元気になる。観光と福祉は表裏一体だ。引っ込み思案だった高齢者が積極的にイベントに参加するようになった。観光客の感想に「自然な町。街づくりに町の人達が自然に一生懸命されている様子に感動した。毎年新しい企画をプラスしての行事。生きがいもあり羨ましい限りです。」とそれが表れている。また二〇一二年三月に奈良女子大学藤平先生等が実施した「この町に住み続けるための住民調査」で、雛めぐりや案山子めぐりなどのまちづくり活動に「街道沿いが活気づいてよいと思う」「観光客とおしゃべりするのが楽しい」「住民同士が交流する機会となってよい」「住民たちの生きがいづくりに役立っている」など住民の評価は高い。そして商店の廃業に歯止めがかかり、新規に開業する店舗も三店舗でてきた。

二〇〇九年十月住民より寄付金五〇〇〇万円を集め、奈良県より五〇〇〇万円及び民間都市開発推進機構より五〇〇〇万円拠出金を受け、空き家を改修してギャラ

「ぎゃらり一輝」の外観。1階には、食堂が店を開いている

リー、物産販売所、街なみトイレなどの機能を持つ町家のギャラリー輝をオープンし、月替わりで手工芸作品展を開催している。運営は全てシニア女性ボランティアで行っており、二〇一七年三月までスケジュールは決まっている。

二〇一〇年五月高齢者住民のまちづくりへの取組みに刺激を受けた高取町商工会青年部が中心になって、旧JA高取東部支店跡地を買取って「食事処」や「街なみのトイレ」、「イベント会場」、「農産物直売所」、「まちづくり団体の事務所」などの機能を持つまちづくり拠点「街の駅城跡」を整備し、観光客と住民との交流の場として活用されている。

二〇〇七年三月町家の雛めぐり開催以降観光客から美しい街並みを褒められ、住民の自主的意志による伝統的建造物町家保存の動きが活発になり、また二〇一一年八月高取町一区自治会とNPO法人住民の力及び天の川実行委員会が協働して「土佐街道周辺景観住民協定」を締結し、十月十七日に知事より「奈良県景観住民協定」として認定され、各自治会を通じて住民の皆様に旧城下町の景観保全の重要性を周知していて、二〇〇七年三月以降に住民の自主的な町家改修が19件に及んでいる。

ビールのアルミ缶を使った日本一の山城、高取城の天守閣オブジェ

二〇一一年十月高取町一区自治会及びＮＰＯ法人住民の力と天の川実行委員会で、地域活性化について色々と協議をした。高取町には日本一では山城高取城があるが、世界一のものを作ることを思い立ち、ビールのアルミ缶を使って日本一の山城高取城の天守閣オブジェを作ることになった。空き缶の回収では七自治会九六二軒の家に協力を呼び掛け三八〇軒から空き缶の提供を受け三二、五二〇個回収できた。またキリンビール奈良支社や町内の企業からも空き缶の提供を受け、五月二十一日より八月三十一日まで、各自治会及びＮＰＯ法人住民の力と天の川実行委員会の関係者六十歳から八十四歳まで三十人が一〇三日間延べ四八七人で作り、最終の個数が三五、六七九個であることが確認され、ギネス社より二〇一二年九月一日付けでギネス世界記録に認定された。テレビの全国放送や新聞・週刊誌の全国版掲載などで高取町の知名度は大幅に上昇し、住民の地域活性化への関心が高まった。

二〇一三年十月地域の活性化に取組むａｌｌ高取町をＰＲするため「恋するフォーチュンクッキー　高取町Version」の映像制作を思い立ち、行政にも参加を呼びかけ、高取町役場と天の川実行委員会の協働で取組むことになった。町長や高取町役場職員、幼稚園や小中高校、自治会や老人会、商店や企業、ＮＰＯやボランティア団体等が登場し、高取町の施策や事業、神社仏閣や史跡、街沿いの商店や製薬会社、元気な園児や小中学生、ボランティアに取組む住民等を映像でYouTubeを使って全国に紹介した。小学生のお母さん達から「YouTubeのシェアでは他市町村、他府県の方達から「素晴らしい町」「自分の故郷を誇りに思う」「住んでみたくなった」など、数多くのコメントが寄せられた。希薄になりつつある人と人との繋がりも見直させて頂き、よい勉強になりました。」などの声が寄せられた。

当初高齢者仲間五人で動き出したまちづくりは、町の住民や商店そして色々な高齢者グループや団体の賛同を得て大きな輪となり、更に商工会青年部や小中学生の若いお母さん達といった次代の町を担う年代へと広がりつつあり「安心して老いていける地域社会の実現に向けて」町内に根の張ったまちづくり活動が進んでいる。

あとがき

本書は、奈良県高市郡高取町で毎年三月に開かれる「町家の雛めぐり」を主催する住民団体「天の川実行委員会」の野村幸治代表の要請で執筆・編集したものである。高取町は、明日香村の隣に位置し、多くの古墳や、日本三大山城の一つの高取城跡、西国三十三ヶ所霊場第六番札所の壺阪寺があり、富山と並ぶ家庭配置薬「大和売薬」の里として知られる歴史文化豊かな町である。「町家の雛めぐり」は一ヶ月間、高取城につながる旧高取藩城下町の一本道「土佐街道」、壺阪寺への参道「壺阪道」沿いの民家や商店など約一〇〇軒の座敷や玄関、廊下、店内などで家々が所蔵する雛人形を披露する催しである。

土佐街道沿いにはギャラリーや展示施設があり、全国から集められた雛人形や手工芸作家による新作の雛人形も展示されている。土佐街道も壺阪道も、江戸、明治・大正期に建てられた町家や武家屋敷が多く、豊かな周囲の自然環境と相俟って昔懐かしい風景を醸し出している。ここ数年は毎回、一ヶ月間に中高年女性を中心に約四万五千人が訪れているが、女性と連れ立つ中高年の男性や若者の姿も少なくない。

高齢者の孤立化を防ぐ

奈良市にある光明皇后発願の総国分尼寺の法華寺では四月一日から七日まで、「ひな会式」という行事があり、国宝十一面観音像の前に、五十五体の善財童子像をまつる法要が行なわれている。「ひな会式」の由来はその童子像が高さ二、三十センチと小さいので「ひな」と呼ばれているからだと聞いている。しかし、奈良県内では、この行事以外には目立った雛祭り行事が無いようである。それに目をつけたのが「天の川実行委員会」だった。ただ、町家や古民家で雛人形を飾る催しは全国各地で開かれており、高取もそれに倣ったもののの一つに過ぎない。歴史も二〇一五年で九回目と浅いが、特徴は、雛人形を介して家人とおしゃべりする機会が多いことである。高取町もご多分に漏れず、地域社会の全体が高齢化し、独り住まいや夫婦二人といった世帯が多くなっている。天の川実行委員会のねらいの一つは、住民が協力し合ってイベントを運営することでコミュニティーを活性化することである。同時に、雛人形を飾る作業や来訪者と対話することで高齢者の孤立感を和らげ、体や脳を働かせ介護予防につなげることであり、主催者もそれを意識的に盛り上げている。

例えば、雛人形には原則、「雛物語」という色紙が添えられている。雛人形の由来や、雛人形にまつわる家族のエピソードや歴史が墨字で記され、来訪者はそれを読んで、家人と会話するきっかけをつかむという仕掛けである。おしゃべりするうちに来訪者と家人との間の思わぬ縁を発見し、意気投合といったケースも少なくない。「おしゃべりが楽しくて」何度も来ているという人にもよく出会う。

ただ、一ヶ月という長期間であり、しかも早春の寒さが残る時期に、花粉症の原因となるスギやヒノキの花粉が飛びかう中、玄関扉を開放して、来訪者に対応するのは、高齢者にはかなり大変な作業である。用事で留守するなど都合の悪い時は閉めてもよいルールだが、それでも来訪者が多い日、とくに土日祭日には玄関を開放している家が多い。

単なる「雛人形展」ではない

今回の取材をするうちに、この催しが単なる「雛人形展」ではないことがわかってきた。それは、今回の執筆者の一人である早稲田大学教育学部四年の大井聡子さんの一言、「この町の人ってみんな教養がありますね」から見えてきた。彼女は二〇一三年三月、旅先の金沢の宿でインターネット検索して、たまたま「町家の雛めぐり」を見つけた。「面白そう。行ってみよう」と早速、電車に乗って近鉄吉野線壺阪山駅に昼ごろに到着し、四時間ほど「雛めぐり」したと言う。雛人形を飾っている家の人と会話をする一方で写真を撮った。それを編集して小冊子にし、天の川実行委員会に送ってきた。野村は、雰囲気をよく捉えた写真と文に感心し「こんなのを送ってきた学生さんがいる」と私（神野）に見せてくれたのである。

「町家の雛めぐり」については、野村が高取町の活性化戦略として書いた論文「旧城下町の景観と高齢者住民のもてなしを活かした『まちづくり』」や、「雛めぐり」に関連して住民にアンケートと聞き取り調査した奈良女子大学ＯＧの村田順子・和歌山大学教育学部教授、田中智子・兵庫県立大学環境人間学部教授、藤平眞紀子・奈良女子大学生活環境学部准教授の三人の住居学者による「高取町土佐街道の伝統的木造住宅における住まい方と維持管理に関する調査」（二〇一一年三月）、「この町に住み続けるための住民調査報告書」（二〇一二年三月）、「まちづくり活動に関する調査報告書」（二〇一三年四月）という三つの調査報告書がある。いずれも「一般向け」というよりも、まちづくり活動の関係者向けである。もっとナラティブ（物語的）に書けないのか？という問題意識で取り組んだのが今回の「高取・町家の雛物語」である。

「教養ある住民」の意味を解き明かす

女性の行事である「雛祭り」を定年退職後の野村や神野という県内在住の「おじさん」の目だけで観察・分析するわけにはいかない。そこで、最も若く関東出身（ちなみに神野と同じ横浜市金沢区の生まれ育ちである）で新鮮な目で見ることが期待できる大井さんを呼び寄せたわけである。奈良女子大ＯＧの三人の先生方には、調査の蓄積を生かして「物語」を抽出してもらうことにし、天の川実行委員会が全国に募集している「私の雛物語」の審査委員の作家もりきあやさんにも参加してもらうことにした。大井さんは就活中にもかかわらず、二〇一四年三月の期間中二度にわたり、横浜から夜行バスで高取を訪れ、民泊しながら精力的な取材を行なった。

元新聞記者の神野は、野村が定年退職で高取に戻る前から、橿原（一九九六年九月〜一九九九年五月、当時は通信局）と吉野（二〇〇五年四月〜二〇一二年九月）両支局で計約十年間、高取町を取材してきた。取材を通じ、昔ながらの日本の風情が残る町の活性化に取り組む住民が多い町という印象がある一方、老朽化した町家が多い寂れた町という感じであった。今回の「雛めぐり」の活動に参加した住民への取材を通じて「教養のある住民」の意味が垣間見えたという気がしている。

伝統に培われた生活文化の豊かさ

それを一言で表現すれば、「伝統に培われた生活文化の豊かさ」である。学校が教えてくれる知識でもなく、企業活動で見出した知恵でもない「生活の中の教養」である。藤平らによる高取町への調査にも、家々の掃除や手入れの状況を調べたものがあるが、そこに見出されるのは、「嫁に来た当時に姑から、冷たい水で拭き掃除するよう命じられて辛かった」という封建的遺制が支配する厳しさとともに、住宅を永く維持するための伝統の知恵という合理性である。来訪者とおしゃべりするのは女性が中心で、男性は、山で切った竹を使った「ジャンボ雛」を三ヶ所につくるなど裏方に回ることが多いが、そこにも子どもの頃から培ってきた竹工芸や大工仕事という知恵や技術が生きている。

素地の市民の「おもてなし」

来訪者と家人の会話は、商品の売買とは無関係の「おもてなし」によるものであるが、「また来たい」というリピーターが多いためには、来訪者と家人の間で話題が豊富でなければならない。それが大井の言う「教養」なのかもしれない。高取町は、明治維新・廃藩置県で失業した武士が、漢方薬や生薬製剤を入れた柳行李を担ぎ、全国各地の家庭や職場を行商して歩く配置薬の町として発展してきた。全くの推測・仮説であるが、配置薬の行商を生業とすることにより人と会話することに慣れている土地柄なのかもしれない。また、高取町は失業した士族が教師になり、そうした伝統が連綿といまも続いている。行商人は各地の文物を集め、教養を高めることで顧客と会話できるようになり、教師は教養を高めること自体が生業である。そうした生活文化は、圧倒的な「東京発」の情報や宣伝を駆使した消費文化によって表向きは衰退しつつあるようにみえる。「町家の雛めぐり」は、こうした消費文化とは異なる素地の訪問者と住民という市民同士の会話が成り立つ限り続いていくだろう。そうした関係が築かれることこそが「雛めぐり」の最大の魅力である。

神野武美

【編集委員会（執筆者）】

もりきあや　作家、エッセイスト

大井　聡子　早稲田大学教育学部生

神野　武美　フリージャーナリスト

村田　順子　和歌山大学教育学部教授

田中　智子　兵庫県立大学環境人間学部教授

藤平眞紀子　奈良女子大学生活環境学部准教授

野村　幸治　天の川実行委員会代表

高取・町家の雛物語

2015年3月3日発行　初版第一刷発行

発 行 人：天の川実行委員会
〒635-0152　奈良県高市郡高取町上土佐58番地
街の駅城跡（きせき）　TEL：0744-41-6140

編 ・ 著「高取・町家の雛物語」編集委員会

発　　売：京阪奈情報教育出版株式会社
〒630-8325　奈良市西木辻町139番地の6
Tel:0742-94-4567　URL:http://narahon.com/

印　　刷：共同プリント株式会社

ISBN978-4-87806-810-2　Printed in Japan 2015